Heribert Haberhausen

Unvergessliche Weihnacht

Heribert Haberhausen

Unvergessliche Weihnacht

Geschichten zum Vorlesen
für Gemeindearbeit, Gottesdienste und
Seniorengruppen

Mit einem Vorwort von
Willi Hoffsümmer

Schwabenverlag

VERLAGSGRUPPE PATMOS

PATMOS
ESCHBACH
GRÜNEWALD
THORBECKE
SCHWABEN
VER SACRUM

Die Verlagsgruppe
mit Sinn für das Leben

MIX
Papier | Fördert gute Waldnutzung
FSC® C014496
FSC www.fsc.org

Klimaneutral
Druckprodukt
ClimatePartner.com/14549-2003-1001

Die Verlagsgruppe Patmos ist sich ihrer Verantwortung gegenüber unserer Umwelt bewusst. Wir folgen dem Prinzip der Nachhaltigkeit und streben den Einklang von wirtschaftlicher Entwicklung, sozialer Sicherheit und Erhaltung unserer natürlichen Lebensgrundlagen an. Näheres zur Nachhaltigkeitsstrategie der Verlagsgruppe Patmos auf unserer Website www.verlagsgruppe-patmos.de/nachhaltig-gut-leben

Mitarbeit: Dagmar Daidok

Verlagsgruppe Patmos in der Schwabenverlag AG, Ostfildern
www.schwabenverlag-online.de

Umschlaggestaltung: Finken & Bumiller
Umschlagabbildung: Brian A. Jackson / shutterstock
Satz: Schwabenverlag AG, Ostfildern
Druck: GGP Media GmbH, Pößneck
Hergestellt in Deutschland
ISBN 978-3-7966-1847-5

Inhalt

4 · DIE BOTSCHAFT DER KRIPPE

6 · INFORMATIONEN ZUM ADVENT

7 · INFORMATIONEN ZU WEIHNACHTEN

Ein Wort zuvor

Die meisten Begebenheiten dieses Buches spielen in der Gegenwart. Kriegsgeschichten dürfen nicht ausgespart werden, wenn in Europa ein sinnloser Krieg tobt. Auch Flüchtlingsschicksale fehlen nicht, waren doch Jesus und seine Familie auf der Flucht und wurden in Ägypten ausgegrenzt und abgelehnt.

Erinnerungen werden wach, wenn von Care-Paketen aus der Nachkriegszeit berichtet wird, die ein großartiges Versöhnungspotenzial offenbarten, weil doch Deutsche den Krieg angezettelt hatten.

Dramatische Geschichten werden meisterhaft erzählt: Welche Überlegungen können jemanden dazu bewegen, die Pistole für den Suizid wegzulegen? – Wie kann es möglich sein, dass jemand einem Kind die zugesagte Knochenmarkspende verweigert?

Die Liebe vom Kind in der Krippe wirkt in vielen Geschichten wie ein Dominostein, der einen Impuls weitergibt und andere bewegt, das Geheimnis der Liebe zu erfahren: Ein Neugeborenes lässt die Versöhnung in der Familie zu. Bis hin zu der Lebensweisheit: »Tränen, die du lachst, brauchst du nicht zu weinen.«

Heribert Haberhausen offenbart in seinen neuen Advents- und Weihnachtsgeschichten einen Fantasiereichtum, der die Herzen erfrischt.

Willi Hoffsümmer

1 · FREUDE SCHENKEN

Helfer in der Not

Die erste Welle der Corona-Pandemie im Frühjahr 2020 traf Italien wie kein anderes Land in Europa. Es meldete die meisten Infizierten, die meisten Toten. Die zweite Welle in der Weihnachtszeit war genauso verheerend. Die Regierung riet den Bürgern, jegliche Kontakte mit den Mitmenschen zu meiden. Sie durften in dieser Zeit die Häuser nur verlassen für dringende Arztbesuche, für die notwenigsten Einkäufe und den Gang zur Arbeit. Home Office wurde empfohlen.

Auch in diesem besonderen Jahr sind sie wieder dran: Matteo und Luca, die beiden Junggesellen auf dem Polizeirevier von Alto Reno Terme, müssen Weihnachten Dienst schieben. Sie verstehen sich gut, darum ist es halb so schlimm. Zudem vermuten sie, dieses Jahr wird es nicht turbulent zugehen, denn es gilt im ganzen Land eine strikte Ausgangssperre.

So ist es bisher ein ruhiger Abend. Doch dann geht ein Notruf ein. An der Stimme erkennt man, es ist ein sehr alter Mann, der um Hilfe bittet. »Es geht mir gut, sorgen Sie sich nicht! Aber ich fühle mich an diesem

Heiligabend so einsam. Immer hat die ganze Familie zusammen Weihnachten gefeiert. Wie Sie wissen, ist dieses Jahr alles anders. Meine Kinder, Enkel und Urenkel dürfen nicht reisen, können mich nicht besuchen. Ich sitze hier ganz allein und starre die Wände an. Hätten Sie vielleicht einen Beamten, der zehn Minuten bei mir vorbeikommen könnte? Mir fehlt eine Person, mit der ich anstoßen kann.«

Matteo und Luca erinnern sich an den Aufruf des Papstes, an den Weihnachtstagen an die Kranken und Einsamen zu denken. Sie schauen sich an. Ein Blick, ein Gedanke: Ein wirklicher Notfall, wir müssen ausrücken. Der Dritte im Bunde, Francesco, hält die Stellung auf dem Revier. Die beiden Carabinieri setzen sich in ihren Streifenwagen und fahren zu der angegebenen Adresse. Der alte Mann öffnet ihnen die Tür und strahlt sie an. Auf dem Tisch stehen eine Flasche Sekt und Gläser. Endlich hat er jemanden, dem er zuprosten kann. Ein Rückruf bei Francesco erlaubt Matteo und Luca, sich Zeit zu nehmen. Im Bezirk ist es ruhig. So plaudern sie gemütlich mit dem 94-Jährigen, hören seinen Berichten von früheren Weihnachtsfeiern zu. Der Senior erzählt den beiden Ordnungshütern der Barmherzigkeit, dass seine Kinder im Süden des »Stiefels« wohnen und sie ihn wegen des Ausgangsverbotes nicht besuchen können.

Plötzlich hat Luca die Idee, mit seinem Smartphone einen Videoanruf bei den Kindern zu starten. Völlig sprachlos starrt der alte Mann auf das Display, als er seinen Sohn und seine Enkel sieht und hört. Genauso sprachlos ist die Gegenseite, weil sie so etwas dem alten Mann nicht zugetraut hat. Seine uniformierten Helfer verschweigt er geflissentlich. Mit tränenerfüllten Augen und überglücklichem Herzen kann der Senior mit seinem Sohn sprechen, von Angesicht zu Angesicht, seiner Schwiegertochter und seinen Enkelkindern zuwinken und allen einen persönlichen Weihnachtsgruß schicken. Nach dem Videoanruf bedankt der immer noch Fassungslose sich mit glänzenden Augen, staunt noch immer über die moderne Technik, die allen so viel Nähe brachte.

Als Matteo und Luca sich verabschiedet hatten, überlegte der alte Mann, was sie wohl in ihren Einsatzbericht schreiben würden. Die beiden fassten ihn kurz und bündig ab; doch ein Zeitungsreporter, der von der Aktion erfuhr, machte eine Riesengeschichte daraus. Was sie eigentlich auch war. Alto Reno Terme unweit der italienischen Großstadt Bologna wurde für kurze Zeit weltbekannt.

Schenken macht Freude

Nicht nur in der Weihnachtzeit – aber das sind besonders prädestinierte Tage, sich um Menschen zu kümmern, die vom Schicksal gebeutelt wurden. Die Anteilnehmenden erleben dabei immer wieder: Schenken macht Freude. Auf beiden Seiten!

Aus dem Fernsehen sind vielen von uns die Aktivitäten des Schlagersängers Frank Zander bekannt, die er normalerweise zu Weihnachten für Gestrandete durchführt. Im Jahr 2021 feierte er coronabedingt das Fest der Liebe mit zahlreichen Obdachlosen nicht wie in den Jahren zuvor mit Gänsebraten, Rotkraut und Knödeln in einem Berliner Nobelrestaurant, sondern als »Frank on Tour« mit einem Imbisswagen hier und da in Berlin. Mit diesem fuhr er sieben Stationen quer verteilt in der Hauptstadt an und brachte mit seinem Team zu den Bedürftigen nicht nur weihnachtliches Essen, Geschenktaschen und Schlafsäcke, sondern auch wohltuendes Miteinander. Getreu seinem Motto der letzten Jahre: »Man stirbt nicht, wenn man arme Menschen umarmt.« Prominente wie der Komiker Dieter Hallervorden oder die Boxweltmeisterin Regina Halmich unterstützten diese Aktion und trugen zur guten Stimmung bei.

Eins könnten die Mächtigen der Erde von einem Schlagersänger lernen: Die größte Macht der Welt ist nicht ein riesiges Waffenlager, sondern Liebe, die Liebe zu unseren Nächsten.

Nicht von solchem öffentlichen Interesse ist das stille Wirken des Pfarrers Oliver Brehme. Er geht seit Jahren am ersten Weihnachtstag zu den Gestrandeten unter einer großen Fernstraßenbrücke, sucht sie auf, bringt ihnen nicht nur heiße Getränke und leckere Bratwurst, sondern auch warme Kleidung und dicke Decken, vor allem seine Gesellschaft, versammelt sie um sich, versucht mit ihnen in ein Gespräch zu kommen und vertreibt ihnen so die Einsamkeit, an der auch Millionen andere, besonders ältere Leute, am Fest des Miteinanders und der Familientreffen leiden. Er erlebt mit ihnen Weihnachten, wird ihnen zum Bruder, wie Gottes Sohn uns allen zum Bruder wurde in der Heiligen Nacht.

Heuer bietet er ihnen an, weil die Gottesdienste längst beendet sind, in der Kirche zu übernachten, wo es doch ein bisschen wärmer ist als unter der zugigen Brücke. Die Obdachlosen finden eine Herberge vor der Krippe im Stall, die auch einer werdenden Mutter ein schützendes Dach über dem Kopf gab und sie wie die Obdachlosen vor der bitteren, winterlichen Kälte bewahrte. Ganz »zufällig« kommt ein befreundeter Arzt vorbei und führt kostenlose Untersuchungen durch und verabreicht nötigste Medikamente.

Einer von den Gestrandeten fragt plötzlich den Geistlichen: »Herr Pfarrer, besitzen Sie eine Gitarre?« Der Geistliche nickt und schafft eilig das gewünschte Musikinstrument herbei. Der schon etwas ältere Herr legt sie sich auf den Oberschenkel und beginnt zu spielen. Alle lauschen seiner Musik, himmlische Töne schweben zum Gewölbe des Gotteshauses. Dann beginnt er zu singen, erst »Alle Jahre wieder ...«, dann »Schneeflöckchen, Weißröckchen ...« Im Stillen sind alle froh, dem Schneegestöber entgangen zu sein, was sie dazu bringt, laut mitzusingen. Danach stimmt er das Lied der Lieder an, das Weihnachten nie fehlen darf: »Stille Nacht, heilige Nacht ...«

In den Herzen ist es Weihnachten geworden. Die Stimmung kippt nicht, als er die »Bergvagabunden« und »Jenseits des Tales« singt. Mit einem schelmischen Grinsen gibt er dann die Ballade von der »Krummen Lanke« zum Besten, weiß Gott kein Kirchenlied. Aber das Kind in der Krippe hat bestimmt Humor. Als er auf Berlinerisch schließt: »Det soll mir ne Warnung sein, ick fall nicht nochmal druf rein, ick kof Sand und schipp de Krumme Lanke zu«, legt er nachdenklich die Gitarre beiseite, setzt sich zum Geistlichen und berichtet ihm von seinem verpfuschten Leben, spricht über seine gescheiterte Ehe, seine Spielsucht, seinen Absturz in den Alkoholismus und über seine Kinder, die ihm aus dem Weg gehen, was alles zusammen zu seinem Weg in die Obdachlosigkeit führte. Fest entschlossen steht er auf, als wolle er gleich damit anfangen, und beteuert: »Ich schwöre Ihnen, Herr Pfarrer, ich werde gleich morgen damit beginnen, mich aus diesem Sumpf zu ziehen.« Nachdenkliche Momente folgen, dann setzt er sich hin und fügt hinzu: »Weihnachten ist die Zeit des Neuanfangs, auch für mich!«

Pfarrer Brehme hat still, fern von öffentlichen Auftritten, Weihnachten zum Fest des Miteinanders, des Füreinanders werden lassen. Beim Schein einer flackernden Kerze denkt er: »Es stimmt, was man sagt: Es ist besser, ein kleines Licht anzuzünden, als der Dunkelheit zu zürnen.«

Christlich teilen

Kurz vor der weihnachtlichen Christmette. Die Kirche ist rappelvoll. Viele haben sich eingefunden; auch manche, die aus der Kirche ausgetreten sind, sind heute hier eingetreten. Zum Fest der Liebe gehört auch für sie ganz offensichtlich der feierliche Gottesdienst mit dem geschmückten Altarraum, der großen Krippe im Seitenschiff, der festlichen Orgelmusik, vor allem den stimmungsvollen Liedern und der Verkündung der Geburt des Erlösers.

Ich bin früh gekommen, ganz offenbar aber nicht früh genug. Als alte Frau von 75 Jahren stehe ich den Gottesdienst stehend nicht durch, drum halte ich Ausschau nach einem Sitzplätzchen. Lange suchen meine Blicke nach einer Lücke. »Dort«, denke ich, »kann ich mich hinsetzen, wenn alle ein bisschen zusammenrücken.« Ich zwänge mich auf der Kniebank durch die Reihe. Abweisende, fast feindliche Blicke begleiten mich. Einige Frauen nehmen sogar schnell ihre Handtaschen vom Huthaken und stellen sie neben sich. Mir ist, als höre ich das Weihnachtslied »Hier ist kein Platz für dich, mein Kind«. Ich denke an Maria und Josef, die auch einen Platz in einer

Herberge gesucht haben. Ich erreiche das Ende der Bank und stehe nach einem erfolglosen Spießrutenlauf wieder auf dem Gang. Das Lied »Maria durch ein Dornenwald ging« fällt mir ein. Ich frage mich, wie muss es der Gottesmutter ergangen sein in ihrem kleinen Dorf als unverheiratete Frau mit einem Kind unter dem Herzen? Wie viele gehässige, lieblose und verachtende Blicke werden sie begleitet haben? War der Gang zu ihrer Base Elisabet ein Fluchtversuch vor so viel Unmenschlichkeit?

Tief in Gedanken versunken, ratlos und ein wenig verzweifelt, weil man mich nicht aufgenommen hat, überlege ich: Geschieht das nicht keineswegs nur hier, wo man es nicht erwartet hätte, sondern immer und überall, in unserer Stadt, in unserem Land, auf der ganzen Welt? Überall suchen Menschen eine neue Bleibe, weil sie hungern oder vor Gewalt, Verfolgung und Krieg fliehen mussten. Ich glaube, das geschieht nicht nur bei Flüchtlingen, nein, auch in unserem täglichen Leben; bei dem entlassenen Strafgefangenen, dem wir die Arbeitsstelle verweigern; bei dem Farbigen, dem wir die Wohnung nicht vermieten; oder gar bei dem neuen Freund der Tochter, wenn die Familie ihn in ihren Kreis nicht aufnehmen will.

Plötzlich klopft ein Senior, einige Jahre älter als ich, mir auf die Schulter. »Gnädige Frau«, sagt er, »Sie werden müde sein vom Kirchgang. Setzen Sie sich bitte!« Und er bietet mir seinen Eckplatz in der Reihe hinter mir an: »Man lässt eine Dame nicht stehen, nicht im Bus, nicht im Zug und schon gar nicht im Gotteshaus.« Dann ergänzt er scherzhaft mit einem Schmunzeln: »Wenn ich noch jünger wäre, würde ich Sie auf den Schoß nehmen. In unserem Alter aber werden wir uns wohl diesen Platz abwechselnd teilen müssen.«

Dominosteine der Nächstenliebe

Es schneit, nasskalte Flocken fallen vom Himmel. Eine ältere Dame steht am Straßenrand und hebt den Daumen. »Merkwürdig!«, denkt Korbinian Kofler, »sie ist gut gekleidet, sieht aus, als wäre sie vermögend genug, sich ein Taxi zu leisten.« Er fährt dennoch sein klappriges Auto an den Straßenrand. »Können Sie mich mitnehmen?«, fragt die Frau. »Steigen Sie schnell ein! Bei dem Sauwetter lässt man keinen in der Nässe stehen.«

»Wohin wollen Sie?«

»Zur Friedrichstraße!«

»Oh, ich muss genau in die entgegengesetzte Richtung!«

»Dann halten Sie bitte an! Ich steige wieder aus.«

»Bitte bleiben Sie! Ich mache den kleinen Umweg gern.«

Die Frau bedankt sich überschwänglich, erklärt ihm, dass bei dem Wetter alle Taxis, aber auch alle, ausgebucht seien. Sie hätte noch Stunden warten müssen. »Sie sitzen nicht gerade in einer Luxuslimousine, aber immerhin in einem trockenen Fahrzeug«, spöttelt Korbinian, »und werden dazu noch kutschiert.«

Während der Fahrt unterhalten sie sich über das bevorstehende Weihnachtsfest. Die Seniorin hofft, dass ihre Kinder sich die Zeit nehmen, sie zu besuchen. Alle Geschenke liegen schon liebevoll verpackt auf dem Gabentisch. Plötzlich sagt die Lady: »Bitte, halten Sie an! Ich möchte hier aussteigen. Ich habe den ganzen Tag noch nichts gegessen. Kenne zwar dieses Restaurant nicht, aber vielleicht bekomme ich noch eine Kleinigkeit. Hoffentlich!« Sie holt das Portemonnaie aus ihrer Handtasche und fragt: »Was bin ich Ihnen schuldig?« Korbinian macht eine abwehrende Handbewegung und meint: »Lassen Sie Ihr Geld stecken! Bitte! Diese Fahrt war ein vorweihnachtliches Geschenk. Jede Tat der Nächstenliebe sollte wie ein Dominostein sein – fällt einer um, führt das zu einer Kettenreaktion. So sollte auch eine gute Tat die nächste auslösen. Wenn einmal ein anderer Ihre Hilfe braucht, denken Sie daran. Lösen Sie eine Kettenreaktion der Hilfsbereitschaft aus.« Begleitet von diesen Worten steigt die Seniorin aus und verabschiedet sich herzlich.

Als die ältere Dame das Lokal betritt, sieht sie nur noch eine hochschwangere Frau hinter der Theke, die aufräumt. Alle Gäste sind schon gegangen.

»Bekomme ich noch etwas zu essen?«, fragt die Hungrige schüchtern.

»Sie sehen doch, ich stelle die letzten Gläser ins Regal. Die Küche ist schon geschlossen. Ich sperre gleich zu.« Dann schaut die werdende Mutter die Enttäuschte an, die wie ein begossener Pudel vor ihr steht, und sagt: »Einen Moment, ich will sehen, ob ich noch etwas Essbares finde!« Sie verschwindet in der Küche. Kurze Zeit später ruft sie von dort: »Wären Sie mit einer Rinderroulade einverstanden?«

»Sehr, sehr sogar!«, antwortet die Glückliche mit dankbarer Stimme.

Schon bald serviert die Kellnerin ihr ein heißes Essen. Hastig beginnt sie ihr Mahl zu verspeisen, will den Feierabend der Schwangeren nicht weiter hinauszögern. »Nehmen Sie sich Zeit!«, rät ihr diese, »wenn man sein Essen zu schnell herunterschlingt, liegt es später schwer im Magen.« Sie erzählt beim Aufräumen von ihrem schweren Tag, den sie heute hatte, weil ungewöhnlich viele Gäste gekommen waren. Eigentlich ist sie in Mutterschutz. Aber sie hilft gern. Sie spricht auch über ihr Baby, auf das ihr Mann und sie sich sehr freuen; sie hoffen, dass es gesund und bald zur Welt kommt. Für die Ausstattung des Kinderzimmers benötigen sie noch einiges. Für das Kinderbett fehlen noch 200 Euro. Dann lacht sie und meint: »Vielleicht bringt das Christkind das Geld.« Freudestrahlend fügt sie hinzu: »Denn es wird ein Christkind.«

»Bei dem ganzen Stress«, denkt die Seniorin, »nimmt sie sich noch so viel Zeit für mich und ist bei alldem freundlich und liebenswürdig.« Beim Bezahlen gibt sie ihr darum ein großzügiges Trinkgeld und verabschiedet sich. Als die Kellnerin den Teller und das Besteck in die Küche bringen will, findet sie unter der Serviette 200 Euro. Auf der Serviette steht: »Dominosteine der Nächstenliebe, vom Christkind fürs Christkind«.

Am Abend, als sie sich zu ihrem Mann ins Bett legt und ihm von dem heutigen Tag berichtet, fragt sie: »Sagen dir ›Dominosteine der Nächstenliebe‹ etwas, Korbinian?«

Nachbarschaft

»Welch ein Unglück«, jammert Herr Menge still vor sich hin und setzt sich resignierend auf einen Stuhl. Ausgerechnet am Heiligabend fließt das Wasser im Spülbecken seiner Küche nicht mehr ab. Der Abfluss ist verstopft.

Er ärgert sich, fragt sich: Wo kann ich an diesem Nachmittag, an Heiligabend, einen Klempner auftreiben? Selbst vermag er den Schaden nicht zu beheben, hat gar nicht das nötige Werkzeug dafür. Sein Arbeitsgerät ist der Computer. Er kann mit Wörtern und Sprache umgehen, einen Artikel schreiben. Aber einen verstopften Abfluss hat er noch nie repariert.

Er fragt sich: Ob ich meinen Nachbarn bitten kann? Herr Menge traut sich nicht. Bis auf ein flüchtiges »Guten Tag!« hat er mit Herrn Zimmer noch nie ein Wort gewechselt, und sie wohnen nun schon seit Jahren Tür an Tür. Er vermutet, Herr Zimmer wäre dazu in der Lage. Der hat sicher auch das nötige Werkzeug. Herr Menge weiß, sein Nachbar ist in einem Bauunternehmen beschäftigt und bestimmt handwerklich geschickter als er. Herr Zimmer verlässt seine Wohnung schon in der Frühe, während er erst gegen neun Uhr in die Redaktion fährt. Dafür kommt er oft erst spät am Abend zurück, wenn Herr Zimmer schon längst zu Hause ist. Schon deshalb begegnen sich beide selten.

Das schmutzige, unappetitliche Wasser steht in der Spüle. Herr Menge schüttelt sich bei dem Gedanken, über die ganzen Feiertage einen solchen Anblick ertragen zu müssen. Außerdem braucht er die Spüle. Er ist zwar Junggeselle, will aber dennoch für sich ein festliches Mahl zubereiten. An den Wochentagen muss er oft im Restaurant oder in der Kantine essen. Darum hat er sich darauf gefreut, den Heiligen Abend und ersten Weihnachtstag zu Hause verbringen zu können – mit einem Festmahl. Am zweiten muss er schon wieder in die Redaktion. Er fasst sich ein Herz, geht über den Flur und schellt. Frau Zimmer öffnet die Tür. Sie ist überrascht.

»Guten Abend!«, stammelt Herr Menge, »könnte ich ... ich möchte Ihren Mann sprechen.«

»Norbert«, ruft Frau Zimmer.

Er kommt.

»Entschuldigen Sie«, sagt Herr Menge nun schon sichtlich gefasster, »es ist zwar eine ungünstige Zeit, um jemanden zu stören, aber mein Abfluss in der Küche ist verstopft. Ich kenne sonst niemanden, den ich um Hilfe bitten, der das beheben könnte. Dazu an Heiligabend! Ich dachte, wenn Sie einmal schauen würden ...?«

»Selbstverständlich«, sagt Herr Zimmer, »ich hole nur schnell meine Werkzeugkiste.« Er begibt sich zur Abstellkammer, kommt umgehend zurück, und die beiden gehen in Menges Wohnung. Ohne Umschweife macht Herr Zimmer sich an die Arbeit.

»Haben Sie einen Eimer?«, fragt er, unter der Spüle liegend. Herr Menge holt einen. Es dauert keine Viertelstunde und der Abfluss ist wieder frei.

»Wie kann ich das wieder gutmachen?«

»Indem Sie mich zu einem Glas Wein einladen.«

Herr Menge holt eine Flasche und zwei Gläser. Die beiden Männer setzen sich an den Küchentisch und prosten sich zu.

Herr Zimmer erklärt seinem Nachbarn, worauf er achten muss, damit dies nicht wieder passiert. Nach dem zweiten und dritten Glas reden sie über ihre Berufe, über die Politik und darüber, was Herrn Zimmer an der Zeitung nicht gefällt.

Nach zwei Stunden schellt es. Frau Zimmer steht vor der Tür und will wissen, wie lange die Arbeit noch dauere.

»Welche Arbeit?«, fragt ihr Mann.

Er nimmt seinen Werkzeugkasten.

»Sie haben sich jetzt nichts kochen können«, sagt er zu seinem Nachbarn, »wollen Sie nicht mitkommen? Meine Frau hat ein festliches Mahl zubereitet. Wo zwei satt werden, reicht's auch für drei.«

Herr Menge nimmt die Einladung gern an. Sie erleben Weihnachten als Fest des Miteinanders. Am späten Abend meint Frau Menge: »Oft bedarf es nur eines kleinen Anlasses wie eines verstopften Abflusses, dass man aufeinander zugeht.«

»Bestimmt keinen Artikel wert in Ihrer Zeitung«, meint Herr Zimmer, als sein Nachbar sich mit einer Umarmung verabschiedet. »Schade eigentlich! Es wäre ein sehr weihnachtlicher.«

Freude schenken

Er wohnt in einer jener malerischen mittelalterlichen Städte am Fuße der Alpen, die im Sommer die Besucher anziehen wie die Almwiesen die Wanderer, wie im Winter der Schnee die Sportler. An den Weihnachtstagen legen viele Skifahrer eine Pause vom turbulenten Betrieb auf dem Berg ein und bummeln gemütlich durch die Altstadt, kaufen noch das eine oder andere Souvenir oder genießen den Jagertee nicht auf den Terrassen in der Höhe, sondern in den gemütlichen Gaststuben im Tal. Sie bewundern bei ihren Rundgängen die massive Stadtmauer, die sie betreten dürfen, die vielen Fachwerkhäuser, das verzierte Rathaus und die barocke Stadtkirche. Manche von ihnen treten in der Weihnachtszeit auch ein, um ein stilles Gebet zu verrichten oder vor der Krippe in Muße zu verweilen.

Wo viele Menschen zusammenkommen, gibt es Bettler zuhauf. Jene, die ihre körperlichen Gebrechen zur Schau stellen, jene, die darauf hinweisen, dass sie Hunger haben, oder jene, die als Musikanten auf sich aufmerksam machen. Alle halten trotz des kalten Wetters ihre Hände auf.

Herr Klein ist kein Bettler, eher ein amüsierter Betrachter, der den Besucherstrom an sich vorüberziehen lässt. Dabei lächelt er oft über die Sensationshaschenden, bewaffnet mit Film- und Fotokameras oder zunehmend mit Smartphones. Lachfalten zieren sein zerfurchtes Gesicht und verdecken fast die verschmitzten Augen unter den buschigen Augenbrauen. Besonders fallen die Blicke der Vorbeigehenden auf seinen Kaiser-Wilhelm-Bart, und der zaubert immer ein Schmunzeln in die Gesichter der Touristen.

Viele fragen, ob sie ihn fotografieren dürfen. Herr Klein nickt zustimmend, schiebt seinen Zigarrenstummel in den Mundwinkel und deutet dabei mit einer Kopfbewegung auf den neben ihm stehenden Hut. Selbstverständlich bedanken sich fast alle für einen solchen Schnappschuss mit etwas Kleingeld. In der Weihnachtzeit sind Herrn Kleins Einnahmen besonderes gut. Einerseits, weil mehr Touristen sich durch die Gassen drängen als sonst, andererseits, weil die Menschen in diesen Tagen besonders spendierfreudig sind.

Das Geld braucht er auch, hat er bitter nötig. Denn wenn der Besucherstrom abgeebbt ist, eilt er heim zu seiner Frau. Sie ist schwer krank, leidet an MS, Multipler Sklerose. Jetzt kümmert er sich um sie. Tagsüber übernimmt dies ein Pfleger. Herr Klein muss in dieser Zeit Geld verdienen für die Miete, das Essen und die Medikamente, die die Krankenkasse nicht übernimmt.

Das Ehepaar redet jetzt lange miteinander. Dabei hilft Herr Klein seiner Frau beim Essen, wäscht sie danach und bringt sie zu Bett. Heute bereitet er noch das Festessen für den Heiligabend vor. Mit seiner Fürsorge und Liebe lebt er Weihnachten jeden Tag.

Dann setzt er sich in seinen Schaukelstuhl vor dem geschmückten Baum und raucht eine Zigarre, nur zum Teil. Einen Stummel braucht er für den nächsten Tag. Er ist sein Markenzeichen. Morgen wird er wieder trotz Kummer und Leid die Menschen mit seinem Lächeln erfreuen. Sie geben ihm dafür ein wenig Geld, er schenkt ihnen dafür ein wenig Freude.

Schöner als jedes Weihnachtsgeschenk

Karla Kruse begibt sich mit ihrem Rollator zu der alten Bank, die vor dem Seniorenheim steht. Sie setzt sich, schaut verdrossen zu den pechschwarzen Wolken am Himmel und denkt schweren Herzens an vergangene Zeiten. An schönere Zeiten, als sie ohne Hilfe mit ihrem Mann Hand in Hand durch den Park »Am Burggraben« spazieren gehen konnte.

Sie erinnert sich an Tage, als ihre drei Kinder mit leuchtenden Augen vor dem Weihnachtsbaum saßen und in die Lichter schauten, deren Glanz auch die Herzen der Glückseligen erleuchtete.

Vor ihrem geistigen Auge sieht sie, wie ihr Mann sie mit ihrem Erstgeborenen auf dem Arm aus dem Krankenhaus abholte und ihr Baby nach Hause brachte. Jetzt waren sie eine richtige Familie. Unvergessliche Momente!

Sie besinnt sich auf ihren Hochzeitstag – ein einmaliger Tag für sie wie wohl für die meisten Verliebten, mit auserlesenen Speisen, beschwingter Musik, wilden Tänzen und gutem Wein, der in Strömen floss, vor allem mit Glücksgefühlen.

Ihr fällt ihr erstes Rendezvous als 17-Jährige ein, ihr klopfendes Herz, als ein junger Mann sie zum ersten Mal in ihrem Leben Hand in Hand ausführte.

Als sie so in Gedanken ist, setzt sich Pflegerin Gertrude für eine kurze Pause neben sie. Sie steckt sich eine Zigarette an, legt die Streichholzschachtel neben sich, hört den tiefen Seufzer der Seniorin, die sagt: »Wenn man alt ist, hat das Leben keine Höhepunkte mehr.« Die Bedienstete zieht noch einmal an der Zigarette, den Zug sichtlich genießend, und sagt: »Frau Kruse, jeder Tag, den Sie leben dürfen, ist doch ein Geschenk, jedes Aufstehen am frühen Morgen ein Neubeginn.«

Die Missmutige sieht sie zweifelnd an und quengelt: »Werden Sie erst einmal so alt wie ich und gehen nur noch mit diesem Rollator, dann sehen wir weiter.« Gertrude nimmt die Streichholzschachtel zwischen Daumen und Zeigefinger, rappelt damit ein paar Mal hin und her und bittet Frau Kruse: »Wenn Sie morgen aufstehen, nehmen Sie bitte ein Hölzchen heraus und stecken es in Ihre Hosentasche; immer, wenn irgendetwas Sie erfreut, alles: das gute Frühstück, der freundliche Gruß ihrer Bekannten, der Gesang der Vögel, auch das Strahlen der Sonne.« Die Pflegerin schaut sie auffordernd an und meint: »Ich meine alles und jedes; auch den gesunden Mittagsschlaf, den Ihnen der Allmächtige schenkt, mit einem wunderschönen Traum, vielleicht auch das Gewinnen beim Rommé mit Ihrem Glücksgefühl im Herzen. Morgen treffen wir uns hier wieder«, und wiederholt Frau Kruses Worte: »Dann sehen wir weiter.«

Als sie sich am nächsten Tag treffen, hält Karla Kruse in ihrer Hand die Schachtel und bewegt sie hin und her. Kein Rascheln ist zu vernehmen. Sie strahlt:

»Sie haben mir ein Geschenk gemacht, schöner als jedes, das ich an Weihnachten und zum Geburtstag je bekam.«

Wunder-volle Weihnachten

Dies ereignete sich genau so, wie hier berichtet wird, kurz vor Weihnachten im Jahr 2020 in der Bundesrepublik. Vor der Tür des Pfarrers Lohmann stand einen Tag vor Heiligabend ein Junge ausländischer Herkunft, etwa 14 oder 15 Jahre alt. Er sprach fließend Deutsch und sagte: »Ich heiße Adayjah, ich habe an Sie, Herr Pfarrer, eine Bitte!« Dieser sagte: »Dann tritt erst einmal ein und trag sie mir in Ruhe vor.« Er bot ihm einen Saft an, nachdem der Jugendliche Platz genommen hatte.

»Nun erzähle, was du dir wünschst!«

»Wir sind vor zwei Monaten aus Afghanistan nach Deutschland gekommen. Mein Vater arbeitete mehrere Jahre als Dolmetscher beim deutschen Militär. Während seines Studiums eurer Sprache hat er nicht nur sie gelernt, sondern sich auch mit eurer Kultur und Religion vertraut gemacht. Dabei ist ihm bewusst geworden, dass der Glaube, den die Taliban praktizieren, nicht dem Koran entspricht, nicht der Wille des Propheten ist. Er ist zum christlichen Glauben übergetreten, war von Jesus angetan, der die Nächstenliebe in den Mittelpunkt stellt. Wir alle, meine Mutter, meine Schwester und ich, sind auch konvertiert. Wir haben uns taufen lassen und mit den Soldaten sonntags den Gottesdienst besucht.«

Adayjah trank einen Schluck Saft und fuhr dann fort: »Als der amerikanische Präsident Donald Trump den Abzug aller amerikanischen Soldaten ankündigte, bemühte sich mein Vater um ein Visum für Deutschland. Er war überzeugt, ohne die Truppen der Vereinigten Staaten und der europäischen Streitkräfte würde die Herrschaft der Terroristen schnell wiederkommen. Und eines war für ihn sicher – wenn die Taliban erneut das Sagen im Land haben würden, wäre dies für ihn als Ungläubigen, das sind Christen, und als Verräter, das sind Kollaborateure, sein Todesurteil. Man gewährte uns darum eine vorläufige Aufenthaltsgenehmigung.«

»Was ist nun deine Bitte?«, wollte Pfarrer Lohmann wissen.

»Mir ist bekannt, dass Jesus viele Wunder gewirkt hat und auch seine Jünger aussandte, um solche zu vollbringen, nämlich Kranke zu heilen. Sie sind doch auch ein Jünger Jesu und ich bitte Sie, meine Schwester wieder gesund zu machen. Ich habe gehört, wie mein Vater zu meiner Mutter gesagt hat: ›Wenn nicht ein Wunder geschieht, wird unsere Tochter das nächste Weihnachtsfest nicht erleben.‹ Vielleicht können Sie eins vollbringen.«

Der Geistliche schmunzelte über so viel Gottvertrauen, wiegte nachdenklich seinen Kopf hin und her und meinte dann: »Vielleicht! Wo finde ich dich? Schreib mir eure Adresse auf!« Dann entließ er den Jungen mit einem freundlichen Lächeln und wünschte ihm ein friedliches Fest. Am ersten Weihnachtstag stand der Priester mit einem fremden Mann vor der Tür der Familie Naim und sagte: »Wir kommen wegen Ihrer Kinder.«

Die Eltern zuckten erschrocken zusammen und fragten ängstlich: »Was haben sie angestellt?« Pfarrer Lohmann beruhigte sie und erklärte: »Ihr Sohn hat uns gebeten, nach seiner Schwester zu sehen.« Er zeigte auf seinen Begleiter mit den Worten: »Dieser Mann ist der Chefarzt des hiesigen Krankenhauses. Darf er Ihre Tochter einmal kurz untersuchen?«

Herr Naim nickte und zeigte dem Doktor den Weg in ihr Zimmer. Der hörte das Mädchen mit dem Stethoskop ab, ließ sich die Zunge zeigen und schaute in ihre Augen. Seine Diagnose war: »Ihre Tochter muss dringend operiert werden. Es ist keine große Sache, aber den Eingriff muss man so schnell wie möglich vornehmen.« Er fügte mit einem Lächeln hinzu: »Ansonsten wird sie wirklich nicht das nächste Weihnachtsfest erleben.« Herr Naim stotterte: »Ja, aber ...« Der Chefarzt unterbrach ihn und meinte: »Ich kenne Ihr Problem. Sie haben keine entsprechende Krankenversicherung, die die Kosten für eine solche Operation abdeckt. Kommen Sie dennoch nach den Feiertagen zu mir ins Hospital. Ich werde

Ihr Kind unentgeltlich behandeln. Sehen Sie dies als nachträgliches Weihnachtsgeschenk an.«

Beim Hinausgehen sagte er mit ernster Stimme: »Der Mut, die Liebe zu seiner Schwester und der Glaube Ihres Sohnes an den Erlöser retten Ihrer Tochter das Leben.« Herr Naim meinte: »Adayjha bedeutet ›Gottes Juwel‹. Und das ist mein Sohn wirklich.«

Der Pfarrer fügte hinzu: »Weihnachten ist immer noch voller Wunder. Das größte ist und bleibt das des himmlischen Vaters, sein Geschenk, sein Sohn, der Heiland.«

Unvergessliche Weihnacht

Insgesamt 60–70 Millionen Tote des Zweiten Weltkrieges, in der Mehrzahl Zivilisten, stehen für die größte Tragödie des 20. Jahrhunderts. Am 8. Mai 1945 war Nazi-Deutschland endlich besiegt. Bereits im Herbst 1944 begann aus Angst vor Vergeltungsmaßnahmen durch die Soldaten der Roten Armee die Massenflucht vieler Deutscher aus Ostpreußen, Schlesien und später auch aus Pommern. Mehrfach überrollten die rasch vorrückenden Truppen die Millionen Flüchtenden. Viele wurden von den sowjetischen Infanteristen misshandelt, vergewaltigt oder ermordet, andere starben an Hunger und Kälte. Auch aus der Tschechoslowakei wurden die Menschen vertrieben, vorwiegend aus dem Sudetenland, also den nördlichen, südlichen und westlichen Randgebieten Böhmens. Insgesamt haben 12 bis 18 Millionen Menschen ihre Heimat verloren, darunter auch Familie Novak.

Jan war 15 Jahre alt, als er mit seiner Mutter und seiner Schwester ihren Hof in Böhmen verließ und die Flucht ins Unbekannte antrat. Ihr ganzes Hab und Gut lag auf einem Bollerwagen, das Wenige, das sie in Windeseile zusammenraffen konnten. Zumeist waren sie auf ihrem endlosen Weg zu Fuß unterwegs; selten wurden sie von einem vorbeifahrenden Fahrzeug mitgenommen oder konnten ein paar Kilometer im Viehwagen eines Zuges verbringen. Zu essen gab es wenig, zum Trinken mussten sie mit dem Wasser der Flüsse oder Bäche vorliebnehmen. Oft schliefen sie unter freiem Himmel, im Schutz einer Brücke oder im Restheu einer Scheune. Letzteres war die Ausnahme.

Trotz aller Hindernisse und Schwierigkeiten erreichten sie das Tecklenburger Land, wo eine entfernte Verwandte der Mutter wohnte. Sie zögerte keinen Augenblick und nahm die Geflüchteten auf, stellte ihnen ein Zimmer zur Verfügung. Das war Küche, Wohn- und Schlafzimmer in einem. Aber sie hatten eine Bleibe, ein Dach über dem Kopf und einen wärmenden Ofen in ihrer Mitte, einen, der mit Holz befeuert wurde und Kochstelle und Heizung zugleich war.

Gegenüber anderen Geflohenen und Vertriebenen ging es ihnen gut. In ihren abendlichen Gebeten dankten sie dem Vater im Himmel dafür, schlossen darin auch die hilfsbereite Tante mit ein und flehten um die baldige Rückkehr ihres Vaters.

Das erste Weihnachtsfest nach Kriegsende nahte. Es würde nicht eines sein wie auf ihrem Gut, nicht einmal annähernd so. Sie wären schon froh und glücklich gewesen, wenn sie sich am Heiligabend sattessen könnten.

Und doch sollte es ein Weihnachtsfest werden, das in die Annalen ihrer Familiengeschichte eingehen würde. Gegen Abend klopfte Tante Walburga an der Tür und brachte eine kleine Tanne, die sie im Wald des Barons schlagen durfte, und eine in die Jahre gekommene Krippe. Sie sagte: »Kinder brauchen etwas, das ihnen das Gefühl der Wärme in diesen kalten Zeiten gibt.« Es war nicht nur draußen eisig, auch in den Herzen war es frostig; zu sehr hatten die Jahre der Diktatur, der Angst, des Schreckens und des Misstrauens die Menschen gekennzeichnet.

Der 15-Jährige sagte sich: »Maria und Josef sind überall abgewiesen worden, hier wurden wir aufgenommen. Unsere Tante lebt Weihnachten. Mit dem Kind kam der Retter in die Welt. Ich hoffe, dass die Alliierten sich auch als Retter erweisen, Menschlichkeit zeigen, die während der Zeit des Nazi-Regimes verlorengegangen ist. In den letzten Jahren herrschten Gegeneinander, Krieg und Hass. Ich wünsche mir, dass mit dem Kind wieder Miteinander, Frieden und Liebe in die Herzen der Menschen einziehen.«

Die Tante machte den Anfang. Sie stellte selbstgebackene Plätzchen auf den Tisch und stimmte das Kirchenlied an: »Christ ist geboren, Welt ging verloren, freue dich, o Christenheit.« Alle sangen voller Inbrunst mit. Die Mutter dachte: »Wenn man so viel verloren hat, weiß man das Einfache zu schätzen, schmecken trockene Plätzchen besser als ein Stück Sahnetorte.«

2 · BESINNLICHES

Mehr als eine Weihnachtsgeschichte

Martin Steiner sagt zu seiner Tochter Mia: »Es gibt Weihnachtsgeschichten, in denen Maria und Josef nicht vorkommen, auch nicht der Engel, der die Geburt des Erlösers verkündet hat, nicht einmal die Hirten und die Heiligen Drei Könige. Sie ereigneten sich nicht vor 2000 Jahren in Betlehem, sondern heute, jetzt und hier in Dortmund. Und doch erfüllen sie das Gebot der Weihnacht: verzeihen, vergeben und versöhnen.«

»Das verstehe ich nicht«, meint die 15-Jährige.

»Du weißt doch, welchen Beruf ich habe.«

»Na, klar! Du bist Richter. Entschuldigung! Amtsrichter! Ich hoffe, kein strenger.«

Martin Steiner überhört die zusätzliche Bemerkung. Er berichtet: »Als ich drei Tage vor Heiligabend ins Amtsgericht kam, saß Frau Kroll an ihrem Schreibtisch und weinte. Du kennst sie flüchtig. Sie ist jene, welche die Post öffnet und verteilt. Sie arbeitet schon lange bei uns und hat schon vieles gehört, gelesen und gesehen. Die wirft so schnell nichts um.«

»Was ist geschehen?«, fragt Mia voller Anteilnahme.

»Sie schluchzte zweimal, dann reichte sie mir einen Brief, der vor ihr lag, und sagte nur: ›Lesen Sie bitte selbst, Chef!‹«

Der Vater kramt in seiner Jackentasche und holt einen Brief heraus. Mia fallen die kindlichen Handschriften auf, denn er ist von vielen Jugendlichen namentlich unterzeichnet worden. Ihr Vater Martin erzählt ihr dann von einem Verkehrsunfall, der vor einiger Zeit geschehen ist und von dem die Zeitungen voll waren: »Ein Linienbus ist, weil sein Fahrer einen Pkw zu spät bemerkt hatte, von der Fahrbahn abgekommen und in einen Schulbus geprallt. Ein Mädchen starb nach wochenlangem Kampf um ihr Leben im Koma an den Folgen des Unfalls, viele Kinder waren schwer verletzt. Die Verhandlung steht nach Weihnachten an. Darum haben mir die Betroffenen eine Kopie des Briefes geschickt, den sie dem Busfahrer geschrieben haben.« Seine Tochter liest ihn leise:

Dortmund, 12. Dezember

Sehr geehrter Herr Witte!
Wir, die Kinder des Unglücksbusses, möchten Ihnen sagen, dass es sehr schmerzt, eine Klassenkameradin verloren zu haben, besonders eine so lebenslustige wie Jana, die mal gerade 14 Jahre jung war, und dass wir dieses Jahr mit ihr nicht mehr Weihnachten feiern

können. Es gab keinen Menschen, weder bei unseren Lehrern noch bei uns Mitschülern, der nicht an ihrem Grab bitterlich geweint hat. Selbst dem Pfarrer, für den Beerdigungen Routine sind, stockte die Stimme, er konnte nur mühsam seine Gefühle unterdrücken. Dennoch möchten wir sagen, dass wir keinen Groll gegen Sie hegen. Wir haben Ihnen vergeben.

Wir wünschen Ihnen viel Kraft, mit diesem schrecklichen Ereignis fertig zu werden, und für Ihre Seele ein friedvolles Fest. Das sagen wir Ihnen von ganzem Herzen. Wir können Ihnen mitteilen, dass es uns allen wieder gut geht und dass sich auch der Schulbusfahrer erholt hat.

Darunter stehen die Namen der Kinder und Jugendlichen, die im Bus gesessen hatten. Es folgt der Zusatz:

Auch wir Eltern unterstützen dieses Schreiben unserer Kinder in vollem Umfang und verzeihen Ihnen. Wir hoffen und wünschen sehr, dass Sie Ihren inneren Frieden wiederfinden können. Alle quälenden und zermürbenden Fragen bringen Sie nicht weiter.

Mia legt sichtlich bewegt den Brief beiseite. »Das ist nicht alles«, sagt ihr Vater. Er zieht ein weiteres Schriftstück aus der Tasche und bittet sie: »Lies dieses!«

Dortmund, 19. Dezember

Sehr geehrter Herr Witte!

Es hat einige Zeit gedauert, bis ich Ihnen schreiben konnte. Nicht, weil ich es nicht wollte, eher, weil es mir schwerfiel, die richtigen Worte zu finden. Ich spreche hier auch im Namen meiner Frau. Wir haben viel miteinander geredet und noch mehr uns gegenseitig an den Händen gehalten, in die Arme genommen. Der Verlust einer Tochter ist herzzerreißend. Und glauben Sie mir, wir haben viele Tränen vergossen, besonders, wenn unsere kleine Tanja immer wieder nach ihrer großen Schwester gefragt hat. Dies hat den Tod unseres Kindes für uns nicht leichter gemacht.

Aber wir möchten Ihnen sagen, dass wir nicht auf Sühne aus sind. Darum schicken wir diesen Brief in einer Kopie auch an das Gericht und werden dort nicht als Nebenkläger auftreten.

Wir wissen, Ihnen ist ein Fahrfehler unterlaufen, der unsere Tochter das Leben gekostet hat. Fehler machen wir alle. Es war Ihrerseits weder Leichtsinn noch Alkohol im Spiel, das hat uns die Polizei versichert. Tragisch ist, dass unsere Tochter zu dem Zeitpunkt an der Stelle, in der Sekunde in dem Bus saß – Umstände, die unsere Jana das Leben kosteten.

Wir müssen damit fertig werden. Wir haben erfahren, dass Sie Vater von zwei Kindern sind und darum nachvollziehen können, wie groß unser Schmerz ist. Trotz Ihres verständlichen Grams und Kummers wünschen wir Ihnen, dass Sie – auch im Interesse Ihrer Kinder – das anstehende Weihnachtsfest friedvoll begehen können. Wir haben Ihnen verziehen und wünschen Ihnen wirklich von ganzem Herzen, dass Sie sich selbst vergeben können. Das ist manchmal sehr schwer. Wir beten darum, dass Sie mit Ihrem Schicksalsschlag fertig werden.

Im Gerichtssaal werde ich Ihnen begegnen. Meine Frau und ich sind uns sicher, dass wir einander die Hände reichen können. Wir bitten Sie sogar darum. Wir wissen nicht, ob unser Brief, den der Richter wie gesagt in einer Kopie erhält, sich strafmildernd für Sie auswirkt. Wir hoffen es aber sehr. Wir werden ihm auch noch gesondert schreiben, dass wir keine Vergeltung wollen. Wenn wir verzeihen können, müsste es auch die Justiz können. Gott gebe es!

Mia schiebt den Brief zurück, denkt an die fast gleichaltrige tote Jana und sagt: »Mehr als eine bewegende Weihnachtsgeschichte.« Sie sieht ihren Vater mit feuchten Augen an und bittet ihn: »Lass das Kind in der Krippe das Urteil sprechen!«

Was die Kerzen am Weihnachtsbaum sagen

Vier Kerzen stehen auf dem Adventskranz und klagen. »Ich brenne dieses Jahr nicht«, sagt die erste. »Das Weihnachtsfest hat unter den pompösen Geschenken, den üppigen Mählern und ausufernden Familienfeiern seinen Sinn verloren.«

»Ich auch nicht«, pflichtet die zweite ihr bei. »Für viele Zeitgenossen ist der Glaube nur noch etwas für konservative Irrläufer. Sie sind überzeugt davon, was Karl Marx schon zur Jahreswende 1843/44 gesagt hat: ›Religion ist Opium für das Volk.‹ Der Geist der noch verbleibenden Christen ist durch diese Droge vernebelt.«

Die dritte will ihr Licht auch nicht der Welt schenken. Sie meint, ein friedliches Weihnachtsfest gebe es nicht mehr: »Die Botschaft des Engels ›Friede den Menschen auf Erden, die guten Willens sind‹ verhallt ungehört. Militärische Auseinandersetzungen finden an allen Ecken und Enden der Welt statt. Zahlreiche Diktatoren unterdrücken ihr Volk, lassen nach Freiheit strebende Bürger einsperren, foltern und ermorden. Kapitalverbrechen finden täglich allüberall statt. Selbst in vielen Familien herrschen physische Gewalt und psychischer Terror.«

Die vierte Kerze schließt sich ihren Vorgängerinnen an: »Auch ich werde diese dunkle Welt nicht erhellen. Wir sind Adventskerzen. Advent heißt Ankunft. Die Menschen sollen sich auf die Ankunft des Herrn freuen. Und, tun sie es? Nein! Sie freuen sich auf tolle Geschenke und herzhaftes Essen. Die Geburt Jesu vor mehr als 2000 Jahren ist für sie Vergangenheit, ihre Bedeutung in Vergessenheit geraten.«

Plötzlich hören sie eine feine, mahnende Stimme: »Ich bin der Weihnachtsbaum. Der Höhepunkt für euch Vorläufer. Jedes Licht, das brennt, macht die Dunkelheit, über die ihr klagt, ein bisschen heller. Die zig Kerzen an meinem Baum erleuchten sie vollends. Das Kind ist in die Welt gekommen, um uns den Glauben an einen lebendigen, gütigen Vater zu bringen. Die Apostel sollten Gemeinden gründen, in denen dieser Glaube gelebt wird, denn er bedeutet Miteinander und Nächstenliebe. Sie sind nach wie vor groß, das zeigt die überwältigende Hilfsbereitschaft bei Naturkatastrophen und menschlichem Versagen. Jesus hat versprochen: ›Die Pforten der Hölle werden meine Gemeinde nicht überwältigen.‹ Er hält sein Versprechen, Gott ist treu, das Böse wird nicht siegen. Mein Lichterglanz gibt Zeugnis davon. Wir sind Boten der Liebe, wir stecken alle mit unserer Liebe an: die Betrübten, die Zaudernden, die Resignierenden. Erfüllt eure Aufgabe und brennt!«

Ein Geschenk macht nachdenklich

Gegen zehn Uhr am Heiligabend schellt es an der Haustür der Familie Beckmann. Der Postbote gibt einen Brief und ein Paket ab. Den Brief, den die Hausfrau entgegennimmt, legt sie achtlos beiseite. Das Paket aber öffnet sie freudig. Sie ahnt, es enthält das mehr als sehnsüchtig erwartete Geschenk für ihren Mann.

Als sie es ihm am Abend bei der Bescherung vor dem Christbaum überreicht, strahlt ihr Liebster glückselig. Sie hat ihm eine Kamera geschenkt, die sie antiquarisch erstanden hat, genau die gleiche, die er sich von seinem ersten Geld als Werkstudent gekauft hatte und die jetzt viele Erinnerungen in ihm wachruft. Das Original war bei einem früheren Umzug zu seinem Leidwesen abhandengekommen. Als alle, ihr Sohn und ihre Tochter mit ihren Familien, sich an den Gaben erfreuen, überreicht Frau Beckmann ihrem Mann den Brief, den sie fast vergessen hätte.

Der Doktor betrachtet den Umschlag. Auf der Rückseite steht als Absender: »ein Patient«. Die Anschrift stimmt, unter der Briefmarke ist vermerkt »ein Weihnachtsgeschenk«. Er denkt noch, wer schreibt denn heute noch Briefe, als er liest:

Lieber Herr Professor,
Sie haben mich vor einem Jahr wenige Tage vor Weihnachten am Rücken operiert. Ich konnte vorher nicht mehr einen Schritt ohne unsägliche Schmerzen machen. Ein Leben im Rollstuhl zeichnete sich für mich ab. Jetzt aber kann ich wieder stundenlang durch Wald und Flur wandern, Berggipfel erklimmen oder im Schwimmbad meine Bahnen ziehen. Jeden Morgen, wenn ich selbstständig aufstehen kann, begrüße

ich den Tag mit Inbrunst und lebe ihn bewusster denn je. Ich will mich bei Ihnen bedanken. Für mich haben Sie an meinem Körper ein Wunder vollbracht, mir zu Weihnachten mein altes Leben wieder neu geschenkt, mir zu einer weiteren wundervollen Zeit verholfen.
Ein dankbarer Patient

Der Chirurg legt das Schreiben nachdenklich beiseite. An den Patienten erinnert er sich nicht mehr. Wie sollte er? Derartige Eingriffe hat er schon zu Tausenden durchgeführt, manchmal drei oder vier an einem Tag. Noch nie bedankte sich ein Patient für die von ihm geleistete Arbeit. Jeder hat sie als selbstverständlich hingenommen. Der eine oder andere spendete den Schwestern oder Pflegern ein Trinkgeld für die Kaffeekasse.

»Weihnachten«, denkt er, »ist eine Zeit, innezuhalten, dem Vater im Himmel zu danken, dass er uns seinen Sohn geschickt hat, der mit seiner Geburt und seiner Auferstehung uns die Gewissheit auf ein ewiges Leben gegeben hat.« Er betrachtet das Geschenk seiner Frau mit dankbareren Augen als vorher. Er denkt, es ist nicht selbstverständlich, dass er mit einer so glücklichen Familie Weihnachten feiern kann. In zahllosen Familien herrscht Leid und Not. Ist es für ihn nicht selbstverständlich, dass sie sich alle gleich an den gedeckten Tisch setzen und sich an köstlichen Speisen erfreuen können? Für Millionen Menschen ist es das nicht. Ja, er registriert es nicht einmal als etwas Besonderes, dass er in Eintracht und Frieden mit den Seinen lebt. In unzähligen Ehen und Gemeinschaften herrschen Zwietracht und Streit.

Auf einmal sagt er: »Dankeschön«. Erst ganz leise, dann laut und vernehmlich. Selbst die Enkelkinder schauen erstaunt drein.

Ein merkwürdiges Weihnachtsgeschenk

Gustav Griesraum ist ein Griesgram durch und durch. Ein Misserfolg nach dem anderen hat ihn von Tag zu Tag, von Monat zu Monat mürrischer werden lassen. Sein Vier-Mann-Betrieb steht vor dem Konkurs. Was auch immer er anfasste, ausprobierte, versuchte – es wurde auf der ganzen Linie ein Flop. Seine Frau ist das Leben mit dem Miesepeter leid und will die Scheidung. Seine beiden Töchter und ihre Familien gehen ihm seit längerer Zeit aus dem Weg, telefonieren nicht einmal mehr mit ihm.

Darum beschließt er, noch vor Weihnachten seinem Leben ein Ende zu setzen. So kann er seiner Frau unschöne Feiertage und einen Rosenkrieg ersparen, den Töchtern und Enkelkindern einen unangenehmen Besuch, der in Tristesse ablaufen würde, seinen Angestellten den langwierigen und zermürbenden Untergang seines Firmenschiffes. Er hat sich eine Pistole besorgt und will einen Tag vor Heiligabend Suizid verüben.

An diesem Morgen ist er früher als sonst aufgestanden, hat seiner Frau einen üppigen Frühstückstisch gedeckt, sogar ein Röschen in einer Vase neben das Ei gestellt. Als seine Frau das Esszimmer betritt, bietet er ihr einen Stuhl an, dazu ein herzliches Lächeln. Er sagt sich: Sie soll mich in guter Erinnerung behalten. Das Gespräch ist zwanglos, wird nur immer wieder unterbrochen von herzlichem Lachen. Sie verabschiedet sich mit einer innigen Umarmung und einem Kuss auf den Mund. Das hat sie schon ewig nicht mehr gemacht.

Auf dem Weg zur Arbeit lässt er sich Zeit. Er hat keine Eile, nimmt sogar Platz auf einer Parkbank und genießt die wärmenden Strahlen der Wintersonne. Der alten Frau neben ihm schenkt er nicht nur ein freundliches Lächeln, sondern auch ein paar nette Worte. Als die Frau nach der Zeit fragt, nimmt er seine Uhr vom Handgelenk und schenkt sie ihr. Ich brauche keine mehr, sagt er sich. Als die Frau davoneilt, denkt er an die Worte eines Kaufmanns, der einmal gesagt hat: »Wenn ich gewusst hätte, wie viel Hektik und Stress das Leben mir bringt, wäre ich im Sandkasten geblieben«, und begibt sich gemächlich in seine Firma. Er begrüßt seine Mitarbeiter, die schon fleißig sind, überaus freundlich und mit der scherzhaften Bemerkung: »Der Chef darf auch einmal der Letzte sein, der den Laden betritt.« Die Angestellten quittieren diese Bemerkung mit einem freundlichen, aber verwunderten Lachen.

Seine Kunden bedient er ehrlich, rät einem sogar vom Kauf des ausgesuchten Artikels ab, empfiehlt, damit zu warten, denn in den nächsten Tagen käme ein verbessertes Modell heraus. Am Abend stellt er fest, dass sich seine Einnahmen gegenüber dem Vortag fast verdoppelt haben. Er greift in die Kasse und gibt jedem Angestellten einen Teil des Gewinns ab, rät ihnen, sich davon ein Festessen zu gönnen. Man lebt ja nur einmal. Darum gibt er allen auch den Heiligabend frei, damit sie mit ihren Familien stressfrei feiern können. Auch sie sollen ihn alle in guter Erinnerung behalten.

Als er nach Hause kommt, überrascht ihn seine Frau. »Liebster«, sagt sie, »ich habe zwei Gänsekeulen besorgt, ganz frische. Ich will dich am ersten Weihnachtstag mit deinem Lieblingsessen verwöhnen.«

Als er nachts vor seiner Pistole sitzt, denkt er: In Betlehem hat Gottvater durch seinen Sohn sich uns Menschen zugewendet. Er sagt uns mit seinem Vorbild, auch wir Menschen sollen aufeinander zugehen, zueinander finden. Dann ist das Leben schön, das macht das Leben schön.

Als das Paar sich am Heiligabend eine Kleinigkeit schenken will, hat er nicht vorgesorgt. Er hat nichts besorgt. Warum auch? Doch etwas hat er. Er reicht der erstaunten Ehefrau die Pistole mit den Worten: »Ich brauche sie nicht mehr.«

Sie fragt verwundert: »Muss ich das verstehen?«

Ich kann in Frieden schlafen

Es ist kurz vor Weihnachten. Ich liege im Bett und kann nicht schlafen. Es bedrückt mich der Unfriede, der überall in der Welt herrscht, besonders in Asien und Afrika, in Mittel- und Südamerika, sogar in Europa. Terroristen unterdrücken ihr Volk, quälen und töten die Mitmenschen. Diktatoren unterjochen ihre Staatsbürger, zur eigenen Machterhaltung heben sie den Rechtsstaat aus den Angeln und ersetzen Gesetze durch Willkür. Mafia-Clans beherrschen riesige Gebiete, zwingen den Menschen ihren Willen auf. Drogenbosse drangsalieren mit ihren Gefolgsleuten und ihrem schmutzigen Geld die Bevölkerung ganzer Landstriche, und Banden verbreiten allüberall Angst und Schrecken, scheuen nicht davor zurück, Schulkinder als Geiseln zu nehmen, um Lösegeld zu erpressen.

Ich denke, bald ist Weihnachten, das Fest des Friedens. Ich rede in meinen Gedanken mit Jesus: »Wir feiern bald deinen Geburtstag. Du bist in die Welt gekommen und hast gesagt: ›Meinen Frieden gebe ich euch.‹« Ich werfe ihm vor: »Nur sehe ich ihn nirgendwo.«

Jesus lächelt und antwortet: »Mit jedem Geburtstag wird man älter, lässt Zeit hinter sich. Du erfährst das selbst an jedem Wiegentag: Alles vergeht, nicht nur Reiche und Gewaltherrschaften; es sterben auch Diktatoren und Despoten, die für einen Augenblick in der Zeitgeschichte die Geschicke bestimmten. Ich aber habe meinen Anhängern, auch dir, du dich Sorgender, versprochen: ›Meinen Frieden gebe ich euch; nicht einen Frieden, wie die Welt ihn gibt.‹« Er erklärte mir nachdrücklich: »Ich habe dich also wissen lassen, nur in mir findest du Frieden.«

Mir fallen die Worte von Angelus Silesius ein: »Und wäre Christus tausendmal in Betlehem geboren und nicht in dir, so bliebst du doch in alle Ewigkeit verloren.« Als habe der Heiland meine Gedanken des Grübelns gelesen, meint er: »Zweifel gebiert oft Verzweiflung. Ja, es gibt den Teufel und damit das Böse in der Welt.« Jesus sieht mich an und bittet mich dann: »Als Geburtstagsgabe schenk mir dein Herz, damit ich ihm Ruhe und Zufriedenheit verleihe.« Ich verstehe, was er mir sagen will: Den Frieden Gottes kann ich nur in mir selbst finden. Gebete, Einkehr und Zufriedenheit schenken mir diese innere Ruhe. Ich höre wieder Jesu Stimme: »Ich habe dir und all meinen Anhängern aber auch ein Versprechen gegeben: ›Selig, die Frieden stiften; denn sie werden Kinder Gottes genannt werden‹, verbunden mit einem Auftrag: Tragt diesen Frieden in die Welt hinaus! Bringt das Weihnachtslicht in die Dunkelheit!« Seine letzten Worte zu mir in dieser Nacht sind: »Ich bin das Licht der Welt; seid auch ihr das Licht der Welt.«

Ich schlafe jetzt ruhig ein, denn mir ist bewusst: »Ich liege und schlafe ganz mit Frieden, denn du allein, Herr, lässt mich sorglos ruhen.«

Not macht erfinderisch

Weihnachten 2040.

»Das Fest der Liebe ist das schönste Fest der Christenheit«, sagt Großmutter Ruth zu ihrem Enkelkind. »Ich freue mich immer, es mit allen, mit meinen drei Kindern, ihren Partnern und den sechs Enkelkindern feiern zu können.« Sie drückt die zwölfjährige Belinda ganz fest an ihre Brust. »Es ist schön, eine so große Familie zu haben, in der sich jeder mit jedem gut versteht.«

»Und du so gut für uns alle kochst. Es nicht nur Kartoffelsalat und Würstchen gibt, sondern Rinderrouladen mit Klößen und Rotkraut, ein Essen, das jedem von uns sehr schmeckt.«

»Ich würde das ohne den Großvater gar nicht schaffen. Er bereitet immer die Festtagssuppe und den Nachtisch zu.«

»Seine Suppe ist aber auch wirklich gut«, lacht Belinda. »Papa sagt immer, wer eine so leckere Suppe kochen kann, kommt in den Himmel.«

»Ich mache das alles gern, wirklich von Herzen gern. Ich hoffe, dass ich noch lange für euch kochen kann. Manchmal wird mir das alles zu viel: das Haus festlich schmücken, den Baum und die Krippe im Wohnzimmer aufstellen, Geschenke besorgen, sie schön verpacken und unter den Baum legen, für das Essen einkaufen und dann stundenlang in der Küche stehen.«

»Oma, wenn du willst, können mein Bruder und ich dir nächstes Jahr helfen. Nicht beim Einpacken der Geschenke, die müssen ein Geheimnis bleiben. Aber beim Einkauf und in der Küche!«

Die Großmutter sieht ihre Enkelin lächelnd an und bedankt sich: »Das ist lieb! Aber noch schaffe ich es. Der Trubel ist mir lieber, als allein die Festtage zu verbringen, ganz allein im stillen Kämmerlein zu sitzen, wie es vor vielen Jahren einmal war.«

»Ihr habt ohne eure Kinder, ohne Verwandte, ohne Freunde Weihnachten gefeiert?«

»Ja, ohne jeden Besuch.«

»Das glaube ich nicht! Du verkohlst mich. Das kann doch keiner verlangen.«

»Es wurde nicht nur verlangt! Es wurde verordnet!«

»Und warum?«, fragt Belinda und sieht ihre Großmutter mit entsetzten Augen an.

In diesem Moment betritt Großvater das Zimmer und setzt sich zu ihnen.

Die Großmutter erklärt: »Ein tödliches Virus herrschte damals auf der ganzen Welt.«

»Rund um den Globus?«

»Ja, in allen Ländern der Erde. Millionen Menschen steckten sich an, infizierten sich, denn die Krankheit wurde von Mensch zu Mensch übertragen und darum mussten wir alle Abstand voneinander halten, durften uns nicht mehr treffen.«

»Deshalb wurde von uns verlangt, auch die großen Weihnachtsfeiern ausfallen zu lassen, nur im ganz kleinen Kreis das Fest der Liebe zu feiern, aus Liebe zu den Mitmenschen«, wirft Opa Bernd ein.

»Wir alle waren froh, dass ein Impfstoff gegen das Virus auf den Markt kam. Mit ihm kam die Hoffnung, das nächste Jahr wieder Weihnachten feiern zu können, so wie wir es gewohnt waren«, meint Oma Ruth, »und doch waren es Tage voller Menschlichkeit, die in der heutigen Hektik vielfach verlorengegangen ist.«

»Verstehe ich nicht!«

Großvater Bernd erklärt: »Schornsteinfeger und Polizisten, Krankenschwestern und Ärzte beteiligten sich weltweit an der Tanz-Challenge zu dem südafrikanischen Song »Jerusalema«, Hunderte Videos davon gab es in den sozialen Netzwerken, um ein bisschen Glück zu bringen. Bauern schmückten ihre Trecker mit Lichterketten. Sie fuhren in einem langen Korso durch die Dörfer, um Licht in der Dunkelheit zu verbreiten, den Menschen ein Lächeln ins

Gesicht zu zaubern. Blaskapellen – die Instrumente trugen einen Mundschutz – zogen in den Städten von Altenheim zu Altenheim und brachten den Einsamen ein Ständchen als Zeichen, dass man an sie denkt, dass man sie nicht vergessen hat. Menschen stellten Plätzchen vor die Türen anderer, um in dieser schweren Zeit Miteinander zu demonstrieren.«

Der Großvater nickt als Zeichen seiner Zufriedenheit mehrfach mit dem Kopf. Die Großmutter kennt noch weitere gute Beispiele, die den Zusammenhalt unter den Menschen belegten: »Selbst Jugendliche schrieben wieder seitenlange Briefe oder umfangreiche E-Mails, um ihre Gedanken mitzuteilen, andere zu unterhalten, verfassten sogar kleine Geschichten und Gedichte für ältere Mitbürger, um ihnen die Einsamkeit leichter zu machen. Unzählige Videotelefonate wurden geführt, um beieinander zu sein, wenn auch nur via Bildschirm.«

Der Großvater erinnert sich auch daran: »Da viele Kirchen geschlossen waren, Gottesdienste dort nicht stattfinden konnten, fuhren manche Geistliche mit offenen Lastwagen, auf denen sie einen Altar errichtet hatten, über das Land und feierten den Gottesdienst mit den Gläubigen im Freien. Auf großen Plätzen wurden Messen oder Andachten auch im Autokino abgehalten. Statt Glockengeläut gab es Hupkonzerte.«

Er schmunzelt, streicht sich über die Stirn und berichtet von zwei Gemeindeschwestern aus Altena in

Westfalen, wo auch die erste Jugendherberge der Welt steht. »In den letzten Adventstagen schickten sie Maria und Josef auf ›Herbergssuche‹. Sie haben die Mutter Maria und den heiligen Josef, dazu einen Esel, allesamt stattliche Figuren aus Holz, in einen Koffer gepackt und auf die Suche nach einer Unterkunft geschickt. So nahm der seine Reise von Haus zu Haus durch die Gemeinde. ›Unerwarteter Besuch kommt heute zu Ihnen‹, schrieben die Schwestern in ihrem Begleitbrief. Ihr Anliegen war, ›immer, wenn der Blick der neuen Herbergseltern für einen Moment auf die Krippenfiguren fiel, diese sich die Zeit nähmen für einen Moment des Innehaltens, vielleicht für ein Gebet oder die Rückbesinnung auf den Advent, der mehr ist als eine Zeit des Konsums.‹«

Die Großmutter meint nachdenklich: »Man hatte Muße, über Weihnachten nachzudenken, es war Zeit für mehr innere Einkehr. Wir sollten daraus lernen, dass die Weihnachtszeit mit weniger Hektik und Stress zu verbringen uns allen guttun würde.« Und Opa Bernd ergänzt: »Weihnachten 2020 sollte nie in Vergessenheit geraten.«

Zu spät für einen Neuanfang?

20 Jahre hatte sie ihren Vater nicht gesehen. Vor so langer Zeit war sie in die USA ausgewandert und hatte sich nicht gerade in größter Harmonie von ihm

getrennt. Jenseits des Ozeans gelang es Corinna, sich ein neues Zuhause aufzubauen, ein neues Berufsleben zu starten, andere Menschen kennenzulernen, so auch ihren Mann. Mit ihm gründete sie ein schönes Heim, in dem sie mit ihren drei reizenden Kindern lebten. Schon durch den Nachwuchs waren immer wieder weitere Bekannte und Freunde hinzugekommen. Sie genoss in den Vereinigten Staaten ein ruhiges, zufriedenes und glückliches Leben.

Ein Anruf ihrer Schwester aus Deutschland nach so langer Zeit kurz vor Weihnachten riss sie aus dieser Beschaulichkeit: »Willst du deinen Vater noch einmal lebend in die Arme schließen, dann musst du bald kommen, denn er liegt im Sterben.«

Ihr Mann riet Corinna zu einer baldigen Reise; sie sollte dieses Jahr Weihnachten auf die Familienfeier in den USA verzichten und in Deutschland ein Fest der Versöhnung feiern, mit dem Sterbenden Frieden schließen, auch Frieden in ihrem Herzen finden.

Schwer waren ihre Schritte, als sie auf das Elternhaus zuging. In der Tür stand ihre Schwester, die sie mit offenen Armen empfing, als wäre sie nie fort gewesen. Das nach so vielen Jahren, in denen sie nichts hatte von sich hören lassen! Sie betraten das Haus, in dem es immer noch modrig roch.

Mit den Worten: »Er hat bis zuletzt allein hier gelebt. Mutter war ja schon gestorben, als du gegangen bist«, erinnerte sie die Schwester an den Tag ihrer Abreise. Corinna schaute sich um. Das Sofa und die

Sessel waren wie eh und je mit Tüchern abgedeckt. Sie wurden geschont für später. »Später, wann ist das?«, hatte sie sich oft gefragt.

Als hätte sie ihre Gedanken erraten, erklärte ihr die Schwester: »Du kommst zu spät.« Und führte sie in das Nebenzimmer, in dem ihr verstorbener Vater lag. »Er ist letzte Nacht für immer eingeschlafen«, sagte die Trauernde und unterdrückte ihre Tränen. Corinna setzte sich ans Bett des Toten und ergriff seine kalte Hand. Ihr wurde klar, sie kam wirklich zu spät, zu spät, um ihm die warme, versöhnende Hand zu reichen, zu spät, ihn von Herzen zu umarmen, zu spät, ihm liebevolle Worte zu sagen. Tränen fielen auf die Bettdecke. Dicke Tränen der Reue.

Sie ahnte etwas. Darum stand sie auf, ging zum Schrank und griff nach dem Schlips, den sie ihm trotz aller Zwistigkeit und Zwietracht an ihrem letzten gemeinsamen Weihnachtsfest kurz vor ihrer Abreise geschenkt hatte. Er war noch original verpackt. Sie wusste, er hatte ihn für einen besonderen Anlass aufgehoben, vielleicht für ihr Wiedersehen.

Sie legte die Krawatte auf seine erkaltete Brust und sagte ganz leise: »Jeder Tag, den du lebst, ist ein besonderer Tag, jede Stunde, jede Minute, jede Sekunde ist darum Grund und Anlass, ihn bewusst zu leben, weil Zeit unwiederbringlich vergeht, auch um wichtige Dinge zeitig zu regeln.«

Die Schwester, die trotz der leisen Worte alles mitbekommen hatte, mahnte sie: »Das hättest du dir auch sagen müssen. Jedes Jahr zu Weihnachten, am Fest des Vertragens, des Versöhnens, der familiären Verbundenheit. Jahr für Jahr, immer wieder!«

Sie machte eine Pause und meinte dann: »Du hast so viel Zeit für einen Neuanfang verstreichen lassen. Lass uns beide heute einen wagen, obwohl ich auf Vaters Seite gestanden habe und du darum den Kontakt auch zu mir abgebrochen hast!« – Sie umarmten einander herzlich.

Das Gleichnis von der verlorenen Tochter

Zwischen Mutter und Tochter krachte es mächtig. Die 20-Jährige beanspruchte nach dem Tod ihres Vaters ihren Erbteil. Auch wenn das nur der Pflichtteil war, so konnte die Witwe das verlangte Geld nicht aufbringen, ohne sich zu ruinieren oder zumindest an den Rand eines Konkurses zu geraten. Das Grundstück und die Bäckerei, die Geräte und das Mobiliar hatten einen beachtlichen Wert, aber flüssiges Geld war nicht vorhanden; im Gegenteil, ein Kredit auf den neuen Backmischer lief noch. Die Tochter forderte 50.000 Euro, andernfalls würde sie einen Anwalt einschalten.

Um einer gerichtlichen Auseinandersetzung zu entgehen, nahm die Mutter einen weiteren Kredit auf, den ihr die Bank nur mit überhöhten Zinsen gewährte.

Die Tochter war froh, die Enge der Backstube verlassen und in die weite Welt ziehen zu können – mit einem Batzen Geld in der Tasche. Es kümmerte sie nicht im Geringsten, dass ihre Mutter mit ihrem Bruder die anstehende Arbeit allein bewältigen musste, denn eine zusätzliche Kraft konnte sie sich jetzt auf keinen Fall leisten. Besonders morgens schufteten die beiden bis zum Umfallen, weil zwei Hände fehlten, wenn sich die Kunden im Laden drängelten.

Dies scherte die Tochter nicht, sie genoss ihr Leben ohne Verpflichtungen und Mühen. Aber 50.000 Euro sind, wenn man die Tage in Saus und Braus verbringt, schnell aufgebraucht. Schon nach einem Dreivierteljahr war Ebbe im Portemonnaie. Und der graue Alltag kehrte zurück, holte die »Lebenskünstlerin« ein, denn jetzt war sie gezwungen, für ihren Unterhalt wieder selbst zu sorgen. Sie arbeitete als Aushilfskellnerin, Marktschreierin oder Putzfrau. Eine eigene Wohnung hatte sie schon bald nicht mehr und ein Platz im Obdachlosenheim war nicht immer frei. Es kam nicht selten vor, dass sie unter einer Brücke schlief oder gar im Freien übernachtete.

Und dort musste es passiert sein. Bei einem Vagabunden hatte sie nachts etwas menschliche Wärme gefunden. Er war am nächsten Morgen weitergezogen. Sie kannte nicht einmal seinen Namen. Öfter schon hatte sie sehr unregelmäßig ihre Tage gehabt. Eine Schwangerschaft hatte sie darum nicht im Geringsten in Betracht gezogen. Aber so war es.

Eines Nachts unter sternklarem Himmel fiel ihr das Gleichnis vom verlorenen Sohn ein. Da sie mit ihrem dicken Bauch auch nicht mehr überall genommen wurde, sich Not, Verzweiflung und Hunger ins Unermessliche steigerten, schrieb sie am vierten Adventssonntag ihrer Mutter eine SMS: »Ich habe gesündigt, habe dich und meinen Bruder in größte Nöte gebracht. Ich bereue mein Handeln zutiefst. Möchte aber mein Kind nicht auf der Straße zur Welt bringen, auch nicht unter einer Brücke oder in einem Stall. Ich bin bereit, wie der verlorene Sohn im Gleichnis, von dem Jesus berichtet, jegliche Arbeit zu übernehmen, wenn ich nur wieder bei dir sein kann. Wenn du mir vergeben kannst, stell am Heiligabend eine Kerze ins Fenster. Sonst gehe ich weiter.«

Mit bangem Herzen näherte sie sich der Haustür. Der gesamte Eingangsbereich war mit einer großen Lichterkette erleuchtet. Nicht nur ihre Mutter, auch ihr Bruder lief ihr entgegen und umarmte sie.

Weihnachten ist eine gute Zeit

Weihnachten ist eine gute, eine heilige Zeit, auch für Menschen, die nicht immer Heiliges im Schilde führen.

Für viele ist es auch eine Zeit, in der man alle Hände voll zu tun hat. Auch für Christopher N. – im wahrsten Sinne des Wortes. Er übt seinen Beruf allein aus, denn er kann keinen gebrauchen, der ihm über die Schulter schaut. Aber das geschah einmal doch. Davon später.

Er ist Autodidakt, der sich seine Fingerfertigkeit wirklich ganz allein beigebracht hat, und die braucht er für seinen Beruf; dazu sollte er Umsicht und Wachsamkeit besitzen, vor allem improvisieren können. Man muss in seinem Beruf oft schnell die Situation erfassen und entsprechend reagieren. Sein Beruf: Er ist Einbrecher, und zwar ein sehr guter – er saß bisher erst einmal für vier Monate im Gefängnis.

Wie gesagt: Weihnachten ist eine gute Zeit, auch für ihn, denn die Leute sind jetzt oft für längere Zeit außer Haus, um Verwandte und Freunde zu besuchen, sich mit ihnen zu unterhalten und um Geschenke zu überreichen. Dies alles braucht Zeit, die er ebenfalls benötigt, um erfolgreich zu sein.

In dieser Zeit kommt ihm zudem zugute: Er muss sich nicht maskieren, nicht sein Gesicht verstecken, damit ihn keiner im Fall der Fälle erkennt. Das rote Gewand und der lange Bart sorgen dafür.

Heute, Heiligabend, hat er ein älteres Einfamilienhaus im Visier. In der Dunkelheit parkt er sein Auto, natürlich mit falschem Kennzeichen, man weiß ja nie und Vorsicht ist die Mutter der Porzellankiste. Eine Frau verlässt mit mehreren Paketen das Haus. »Schlau«, denkt er, als er sich dem Haus nähert, »sie lässt Licht brennen, will den Eindruck erwecken, jemand sei zu Hause. Dieses Täuschungsmanöver versuchen viele.« Aber er fällt nicht darauf rein. Das Öffnen der alten Eingangstür ist für ihn eine Kleinigkeit, denn das nötige Werkzeug hat er ja in seinem großen Sack. Auch alles andere, was immer er notfalls noch braucht, stets auch einige Sachen für die Kinder, ein Auto oder einen kleinen Teddy, für die Erwachsenen Pralinen oder Alkohol. Man weiß ja nie ...

Er betritt das Wohnzimmer, wo unter dem Christbaum, an dem die Lichterkette brennt, die Geschenke liegen. Diese interessieren Christopher weniger. Er sucht nach Wertvollerem. Als er sich dem großen Wandschrank zuwendet, fragt jemand mit zarter Stimme: »Aber lieber Weihnachtsmann, die Geschenke sind doch schon da. Oder hast du vergessen, eines vorbeizubringen?«

Christopher dreht sich blitzschnell um die halbe Achse und sieht in der Sofaecke ein kleines Mädchen in einem buntgeblümten Bademantel. Der Ertappte verharrt für einen Moment wie in einer Totenstarre. Die Kleine hilft ihm: »Weißt du, lieber Weihnachtsmann, ich freue mich über deinen Besuch, setz dich zu mir und erzähle, wo du überall deine Gaben verteilt hast! Bitte!« Das passt Christopher nun ganz und gar nicht in sein Konzept. Was soll er machen? Soll er dem Kind all seine Illusionen rauben? Dazu ist selbst ein Dieb nicht in der Lage. Er begibt sich zu der Neugierigen und lügt das Blaue vom Himmel, betont dabei aber immer wieder, er müsse weiter, denn seine Rentiere warten an der alten Buche auf ihn. Die

Kleine ist blitzgescheit und nicht auf den Mund gefallen, fasst an den vermeintlichen Geschenkesack und sagt: »Der ist doch fast leer.«

Um schnell fortzukommen, nimmt er den Teddy aus dem Sack. »Oh, ist der niedlich«, jubelt das Mädchen und fällt dem jetzt völlig Überraschten um den Hals. Christopher denkt: eine schöne Bescherung! Ihm läuft die Zeit davon. Nun fragt die Kleine zu allem Überfluss auch noch nach einem Geschenk für ihre Mutter. Was soll er machen, um dem Kind die Freude nicht zu verderben? Er nimmt die Schachtel Pralinen aus dem Sack. In diesem Augenblick wird die Haustür geöffnet und die Mutter tritt ein. Geistesgegenwärtig – eine Voraussetzung und Notwendigkeit für seinen Beruf, Sie erinnern sich – reicht er der Guten die Süßigkeiten und wünscht »Frohe Weihnachten«. Die Frau, nicht weniger geistesgegenwärtig, reagiert klug und sagt: »Vielen Dank, heiliger Mann. Es ist doch gut, dass es nicht nur böse Burschen gibt, Einbrecher treiben besonders in dieser Zeit ihr Unwesen.« Sie sieht ihn mit freundlichen Blicken an und bittet ihn: »Setzen Sie sich doch zu uns! Der Kartoffelsalat steht schon auf dem Tisch. Ich brauche nur noch die Würstchen zu wärmen.« Die Kleine führt den Wortlosen zum Tisch. Das ändert sich beim Essen. Es wird ein langer Abend. Sie erzählt, dass sie früh Witwe wurde, und er, dass er ein einsamer Junggeselle ist. Sie würde Hilfe gebrauchen können. Er versichert, dass er handwerklich sehr geschickt sei. Den ganzen Abend liegen große Sympathien beiderseits im Raum. Er verspricht beim Abschied, wiederzukommen, um im Keller Ordnung zu schaffen. Sie bittet ihn mit einem feinen Lächeln: »Sie brauchen nur einmal kurz zu schellen, dann wird Ihnen geöffnet.«

Beim Abschied zitiert sie Homer, der meint: »Wie die Tage sich ändern, die Gott vom Himmel uns sendet, so ändert sich auch das Herz der erdbewohnenden Menschen.«

Glückauf!

Für heute ist Schicht im Schacht. Hartmut betritt mit seinem Kumpel Rolf noch schnell die Eckkneipe. Jeder will eine Currywurst mit Pommes verdrücken und ein Bierchen durch die von Kohle verstaubte Kehle schütten. Einen Heiermann (fünf D-Mark) haben sie dafür immer in der Tasche. Den Weihnachtsbaum, den Hartmut beim alten Bollmann noch rasch erstand, hat er vor dem Eingang stehen lassen.

Nach einem kräftigen Schluck aus dem Glas sagt er zu seinem Kumpel: »Jetzt fahren wir schon 15 Jahre tagtäglich mit einer Geschwindigkeit von zehn Metern pro Sekunde in den Bauch der Erde, um das schwarze Gold abzubauen, doch goldige Zeiten erleben wir immer noch nicht; dafür genießen wir bei schweißtreibender Arbeit mit dem Bohrhammer an den Flözen Dunkelheit, Knochenarbeit und Lebensgefahr.«

»Klag nicht!«, antwortet Rolf. »Woanders is' auch Scheiße!«

»Weißt du«, überlegt Hartmut, »in drei Tagen feiern wir Weihnachten. Es stimmt nicht, dass die Hirten die Ersten waren, die das Kind in der Krippe zu Gesicht bekamen.«

»Nicht? Wer denn?«

»Der Ochs und der Esel. Gott ist nicht zuerst zu den Ärmsten der Armen gekommen, sondern zu den Malochern wie unsereins.«

Er nimmt einen weiteren Schluck, spricht einen Toast auf Schalke aus, wie es sich im Ruhrpott gehört, und gibt seinen Gedanken dann weiterhin Audienz: »Wenn der Ochse den ganzen Tag den Pflug durch die harte Erde gezogen hat, todmüde und kaputt ist, dann lässt ihn sein Herr und Gebieter noch den Karren voll beladen mit Rüben, Kartoffeln oder Sonstigem über die holprige Straße ziehen. Und der Esel wird nicht umsonst Lasttier genannt. Er schleppt und schleppt tagein, tagaus volle Säcke, schwere Pakete und lauffaule Besitzer. Du siehst, Gott ist zuerst zu uns Malochern gekommen.«

Nach einer Pause setzt er seinen Gedanken fort. »Der Esel gehört eigentlich nicht in den Stall, in dem das Vieh der Weide steht. Heute doch! Ich vermute, dass Josef ihn mitgebracht hat, dass er seine schwangere Frau trug, damit diese den beschwerlichen Weg nicht zu Fuß zurücklegen musste. War vielleicht noch die leichteste Last, die er in letzter Zeit zu befördern hatte.« Er lacht verhalten.

Rolf überlegt: »Wir sollten das Jesuskind zu unserem Schutzpatron machen, dem der Bergarbeiter, Malocher und Schwerstarbeiter.«

Als sie hinausgehen und Hartmut sich seinen Tannenbaum schnappt, meint er: »Ich werde dieses Jahr neben den Kugeln auch ein paar Kohlestückchen an ihn hängen, ganz laut ›Glückauf!‹ rufen und an Jesus denken, unseren Bruder und Beschützer in der Tiefe.«

Rolf fügt schmunzelnd hinzu: »Das Licht der Welt! Über- und untertage!«

Schade eigentlich

Wir schreiben das Jahr 2045. Weihnachten ist für viele nur noch das Fest des Schenkens. Hektik und Betriebsamkeit bestimmen darum die Tage davor. Es müssen der Hausputz gemacht, dringende Einkäufe erledigt, vor allem die vielen Geschenke gekauft und eingepackt werden.

Familie Frohsinn feiert das Fest stets bei den Großeltern. Diese stellen immer noch einen Weihnachtsbaum auf und schmücken ihn festlich. Das können sie, weil Großvater – weit über 80 – noch sehr rüstig und Großmutter – zehn Jahre jünger – äußerst vital ist. Das erspart der jungen Familie den eigenen Baum. Die Zubereitung des Festmahls aber teilen sich die Frauen auf. Die Schwiegertochter brät die Gans. Die Großmutter kocht Knödel und vor allem das von allen sehr geschätzte Rotkraut.

Der Heiligabend beginnt dann traditionsgemäß mit dem Geschenkeauspacken. Jedes Familienmitglied legt Präsente unter den Baum, der Nachwuchs seine für die Eltern und Großeltern. Die Großeltern verstauen dort zuvor ihre Pakete für die Eltern und Enkelkinder, und die Eltern stapeln ihre für die beiden anderen Parteien zuletzt daneben auf. Keiner erinnert sich mehr daran, dass hier unter dem Baum in früheren Zeiten einmal eine Krippe stand.

Auf ein Zeichen des Ältesten hin beginnt das Auspacken. Nicht der Reihe nach, nein, ein wildes Durcheinander nimmt seinen Lauf. Zwischendurch aber ertönt immer wieder ein Jubelschrei und der oder die Beschenkte fällt dem oder der Schenkenden um den Hals und bedankt sich herzlich. Es ist Usus, jedes Geschenk hochzuhalten, damit alle es bewundern können.

Erst nach dem Geschenketrubel begeben sich alle zum gemütlichen, ruhigen Festmahl, das stets die Frauen auftragen. Während alle speisen, über ihre Geschenke reden, fragt Florian plötzlich: »Warum feiern wir eigentlich Weihnachten?« Die Eltern schauen sich ratlos an. Großvater kann das erklären: »Wir haben gerade unsere Geschenke ausgepackt.

Wir sagen auch Präsente dazu. Präsent kommt aus dem Lateinischen und heißt: anwesend. Ich bin da!«

»Wer ist denn da?«, will Florian wissen.

»Gott!«, antwortet der Großvater.

»Durch die Menschwerdung seines Sohnes hat sich Gott uns Menschen zum Geschenk gemacht. Es gibt kein größeres!«

»Und warum haben wir das vergessen?«, fragt der Enkel und lässt sich den Gänsebraten schmecken.

3 · WEIHNACHTEN IN DER FAMILIE

Den Braten bringen wir mit

Zufrieden schiebt Mutter Inge das Blech mit den Weihnachtsplätzchen in den Backofen. Während die älteste Tochter beginnt, den Teig für die nächste Lage auszurollen und ihre jüngere Schwester und der kleine Bruder mit den Förmchen ungeduldig warten, weitere Plätzchen ausstechen zu können, klingelt das Telefon.

Die Mutter schließt die Ofenklappe und eilt zum Hörer. Ihre Mutter ist am Apparat. Sie teilt ihr mit: »Ich werde mich von Vati trennen. Ich möchte den Rest meines Lebens ohne dessen ewige Nörgeleien im Seniorenheim verbringen – in himmlischer Ruhe.«

Inge presst mit erstickter Stimme nur heraus: »Mutti, ich werde dich heute Abend zurückrufen.« Sie ist fassungslos. Ihre Hände zittern, als sie das Gespräch beendet hat. Dann setzt sie sich auf einen Stuhl und legt beide Hände auf ihr Gesicht, um ein paar Tränen vor den Kindern zu verbergen. Im Stillen beschließt sie, den Kleinen nichts zu sagen, um deren vorweihnachtliche Freude beim Backen nicht zu verderben. Sie will sich am Abend auch erst einmal mit ihrem Mann beratschlagen.

Als dieser nach Hause kommt, schickt sie die Kinder in ihr Zimmer, um ihm die schlechte Nachricht allein zu überbringen. Der Schwiegersohn schüttelt nur fassungslos den Kopf und murmelt vor sich hin: »Das kann sie doch nicht machen. Sie kann ihn doch nicht nach fast 50 Ehejahren so mir nichts, dir nichts verlassen. Das ist unchristlich, unmenschlich und herzlos.«

Dann sieht er die immer noch Tieftraurige konsterniert an und meint: »Er setzt sich doch nicht mehr ans Steuer. Wer soll ihn denn zu seinen Skatabenden fahren oder zum Arzt bringen?«

»Das lässt sich arrangieren. Im Haushalt aber verhält er sich wie ein kleines Kind. Wer soll für ihn die Waschmaschine anstellen? Soll er für den Rest seines Lebens von Fertiggerichten oder Dosenmahlzeiten leben?« Sie schüttelt nur immer wieder fassungslos den Kopf.

»Wer«, fragt sich ihr Ehemann, »soll ihm seine Medikamente zusammenstellen? Er unterscheidet mit seinen schlechten Augen die kleinen Dinger nicht voneinander. Oder die Hemden bügeln, gar das Haus in Ordnung halten?«

Sie sehen sich ratlos an. Dann schlägt seine Frau vor: »Wir werden Heiligabend unseren Besuch bei ihnen ankündigen und über die Feiertage mit den Kindern bei ihnen bleiben. Vielleicht können wir

Mutti noch umstimmen, besonders wenn wir den Kindern dort von dieser Tragödie erzählen. Ihr Gejammer möchte ich nicht hören!«

»Die Tränen der Enkelkinder werden sie vielleicht zum Einlenken bringen«, hofft der Vater.

Inge telefoniert. »Mutti«, schlägt sie vor, »wir werden Heiligabend zu euch kommen und die Feiertage miteinander verbringen. Du brauchst dich um nichts zu kümmern. Ich bringe einen großen Gänsebraten mit, der reicht für alle am ersten und zweiten Weihnachtstag.«

»Gut«, antwortet ihre Mutter, »dann bis übermorgen.«

Nach der Ankündigung des Familienbesuches nimmt die alte Dame ihren Mann in die Arme und sagt: »Nach vier langen Jahren feiern wir endlich wieder alle gemeinsam die Festtage, die ganze Familie glücklich und friedlich vereint.«

»Es hat funktioniert. Sie haben den Braten nicht gerochen. Und um das Festessen brauchen wir uns auch nicht zu kümmern«, schmunzelt der Senior, »die Gans bringen unsere Gäste ja mit.«

Meine Liebste

Meine Liebste!

Wir durchleben eine schlimme Zeit. Ich feiere erstmals seit 50 Jahren allein – nein, kann man so nicht sagen – ich verbringe die Weihnachtstage, kann wegen der Corona-Maßnahmen Dich nicht im Krankenhaus besuchen, so gut wie gar nicht mit Dir telefonieren, weil Dir die Ärzte verordnet haben, die Stimme zu schonen, um die gute Heilung Deines Kehlkopfs nach der Operation nicht zu gefährden. Darum schreibe ich Dir diesen Brief, um wenigstens auf diesem Weg mit Dir Kontakt aufzunehmen.

Um es gleich vorweg zu sagen: Ich habe alles im Griff. Mach Dir keine Sorgen! Zu Deiner hoffentlich baldigen Entlassung habe ich Dir zur Begrüßung Plätzchen gebacken, um das Weihnachtsnaschen nachzuholen. Für meinen ersten Versuch sind sie mir großartig gelungen, finde ich. Einige sehen ein bisschen dunkel aus. Aber ich glaube, man kann sie essen, wenn man mit dem Messer ein paar Mal darüber fährt, kräftig natürlich, damit der Ruß verschwindet. Dein neues Gebiss sitzt doch hervorragend, ist bissfest, wie Du sagst. Ich habe wegen meiner wackligen Eckzähne sie noch nicht probiert. Tisch, Stühle und Fußboden glänzen aber wie neu. Du wirst bei dem Anblick hocherfreut sein, auch über die Blumen, die auf dem Tisch stehen. Hauptsache ist doch, Du bist bald wieder gesund.

Wie es sonst so geht? Alles ist bestens. Für mich habe ich heute Bratkartoffeln mit Spiegeleiern zubereitet. Leider hat mich unsere Tochter Susanne, während diese auf dem Ofen brutzelten, angerufen. Du kennst sie, sie findet und findet kein Ende, und auf dem Sofa war es so gemütlich. Wenn Du nach Hause kommst, hat der Rauch sich längst verzogen und die Wände sind wieder weiß. Und verhungern werde ich auch nicht. Mach Dir bloß keine Sorgen und werde bald wieder gesund! Das ist das Allerwichtigste.

Übrigens: Unser Kanarienvogel sieht auch schon wieder ganz manierlich aus. Man kann das Gefieder nach einer kräftigen Wäsche erkennen, aber statt den ganzen Tag zu zwitschern, krächzt er ein wenig. Das wird sich wieder legen, da bin ich mir ganz sicher. Das Wichtigste ist, werde wieder gesund.

Ich habe jetzt mit dem Schreiben eine kleine Pause eingelegt. Da lange Gespräche Dir ja ärztlich verboten sind, hast Du mir gestern in aller Kürze mitgeteilt, dass ich mit Deiner baldigen Heimkehr rechnen kann. Ich werde diesen Brief noch heute vollenden und beim Pförtner abgeben. Du kannst Dich auf ein Festtagsessen, das ich für Dich bereitet habe, freuen. Ich bin mir sicher, es wird Dir schmecken nach der Krankenhauskost.

Ich habe einen Rinderbraten zubereitet, Dein Lieblingsgericht. Den Römertopf habe ich, wie von Dir gelernt, gewässert, dann das Fleisch gewürzt, Lorbeerblätter und Zwiebeln hinzugeben. Wie ich auf die Idee gekommen bin, es auch mit Paprikascheiben und kleinen Pilzköpfchen zu garnieren, weiß ich nicht, es sah aber gut aus. Alles habe ich dann in den Backofen geschoben und ich wollte es nach zwei Stunden herausnehmen. Ich war auf dem

Weg, ihn auszuschalten und den Braten herauszunehmen, da schellte es an der Haustür. Frau Blümel stand mit einem Hundekuchen ohne ihren Hund vor mir und wollte wissen, wie es Dir geht. Ich konnte sie doch nicht so einfach stehen lassen und bat sie darum, in den Wintergarten zu kommen. Den Rest kannst Du Dir denken. Aber ich hatte Glück. Ich hatte wohl Wässern mit Baden verwechselt. Jedenfalls war nichts verkocht und Du kannst Dich auf ein leckeres Gulaschgericht freuen. Ich dachte an Deine aufmunternden, anspornenden, aufbauenden Worte: »Liebster, du kannst kochen, was du willst. Es wird immer Gulasch.«

Eines aber habe ich erkannt – erst im Alter merkt man, wie sehr man einander braucht. Dies wurde mir in dieser Zeit so richtig mit dem Kopf und im Herzen bewusst. Weihnachten ohne Dich ist kein Weihnachten. Wenn Du wieder daheim bist, erlebe ich Weihnachten jeden Tag, das ganze Jahr.

Nicht minder glücklich

Wenn sein Enkelkind Janina mit verschiedenen Backförmchen den Teig auf dem Küchentisch aussticht, wenn der Geruch von Kokosmakronen und Nusstalern, Mandelschiffchen und Rumkugeln durch die Wohnung zieht, dann denkt Franz Waschinski gern an seine Kindheit zurück. An die Zeit, in der Menschen solche Köstlichkeiten nicht kannten, schon gar nicht in dem kleinen masurischen Dorf, in dem er früher lebte. Und doch fragt er sich, ob sein Enkelkind mehr Glück empfindet als er damals, wenn er den vierten Adventssonntag erlebte.

Da zog stets der Duft von frisch gebackenem Brot durch das Dorf. Schon am Samstag bereiteten die Frauen den Teig in einem großen Trog zu. Erst verrührten sie in Töpfen Quark, Öl, Salz und Milch. Dann schütteten sie dieses Gemisch in einen Trog und gaben Mehl und Backpulver hinzu. Nun durfte geknetet werden. Alle Kinder machten mit. Das war ein Riesenspaß, sie erlebten weihnachtliche Vorfreude. Dabei wurde geplaudert, gesungen und gelacht. Aber wenn Frau Jakowski mit viel Fingerspitzengefühl ab und zu einen Schluck Wasser ins Mehl schüttete, wurde es still. Das Maß musste stimmen. Darum durfte sie nicht abgelenkt werden. Danach aber ging das Kneten und Plappern weiter. Wenn der Teig nach Stunden von vielen kleinen und großen Händen ordentlich durchgewalkt war, wurde er samt Trog zum Kachelofen geschoben. Dort blieb er die ganze Nacht stehen.

Am Sonntagmorgen waren alle Dorfbewohner früh auf. Im Backhaus loderte bald ein mächtiges Feuer. Die Kinder schauten in die hellen Flammen, die Frauen genossen heißen Kaffee und die Männer wärmten sich mit einem selbstgebrannten Schnaps. Wieder wurde geschwatzt und gekichert. Überall standen die Dorfbewohner und warteten, bis das Feuer heruntergebrannt war. Während die Frauen den Teig zu Broten formten, nahmen die Männer die Glut aus dem Ofen und säuberten das Backhaus von der Asche. Dann erst wurde auf großen Schiebern der Teig in den noch heißen Ofen gelegt und die von den Steinen abstrahlende Wärme backte ihn zu knusprigen Broten.

Der Moment, auf den sich Franz immer am meisten freute, kam bald. Die Brote wurden aus dem Ofen gezogen, die Unterseite gesäubert, mit dem Zeichen des Kreuzes gesegnet und dann jeder Familie eins zugeteilt. An diesem Sonntag, dem vierten Adventssonntag, konnten sich alle einmal richtig sattessen. Gemeinschaftlich!

Butter wurde auf das Brot gestrichen und eine Prise Salz dazugegeben. Franz aber streute sich stets heimlich ein bisschen Zucker darauf. An dieses Weihnachtsbrot denkt er, wenn seine Enkeltochter mit ihm Plätzchen backt. Er war damals nicht minder zufrieden und glücklich als sie heute.

Ein Kind bewegt viel

Im Tod scheidet der Geist vom Körper und lebt weiter in einer anderen Welt. Am Tod scheiden sich manchmal die Geister und Menschen leben nicht mehr in ein und der derselben Welt.

Nach der Beerdigung seiner Frau und ihrer Mutter gingen Vater Tobias Vosswinkel und Tochter Anna getrennte Wege, sprachen kein Wort mehr miteinander.

Ihre innig Geliebte war mit 48 Jahren an Krebs gestorben. Die letzten Monate waren qualvoll für sie, für alle. Die Todkranke litt unter großen Schmerzen. Ihr Mann konnte ihr Leiden nicht mehr länger ertragen und die Tochter den Tod der geliebten Mutter nicht akzeptieren. Darum lehnte er weitere Chemotherapien ab, sperrte sich auch gegen lebensverlängernde Medikamente bis auf Morphium, das ihr die größten Schmerzen nahm. Die Tochter beschwor die Ärzte, trotz zahlreicher vergeblicher Chemos ihrer Mutter noch weitere zu verordnen. Sie sah in dem Vorgehen ihres Vaters liebloses Handeln, respektlos dem Leben ihrer Mutter gegenüber.

Zwei verwundete Seelen fanden nach der Grablegung nicht zueinander, hatten ihren Streit nicht mitbeerdigt. Jahre vergingen; weder zu den kirchlichen Festen noch zu ihren Geburtstagen oder aus anderen Anlässen ließen sie gegenseitig etwas voneinander hören.

Nach zehn Jahren, kurz vor Weihnachten, trugen Freunde Herrn Vosswinkel zu, dass seine Tochter einen Sohn geboren hatte. Er wusste nicht einmal, dass sie verheiratet war, noch kannte er ihren Ehemann. Zu groß war die Mauer des Schweigens zwischen ihnen.

In dieser adventlichen Stimmung wuchs in ihm das Verlangen nach einem Zusammenkommen, seinen Enkel und seine Tochter in die Arme zu nehmen. So setzte er sich eines Abends hin und schrieb eine Karte, die er selbst gemalt hatte. Sie zeigte einen Mann und eine Frau, beide in schlichter Kleidung. Die junge Mutter hielt ein in Windeln gewickeltes Kind in ihren Armen. Dazu einen weiteren Betrachter im Abseits. Er schrieb: Ein Kind brachte mit seiner Geburt Frieden in diese Welt. Lass diesen Frieden auch in unsere Herzen wieder einkehren!

Seine Tochter rief ihn noch am selben Abend an und sie verabredeten sich zu ihrem ersten Treffen nach so langer Zeit an einem neutralen Ort: vor der Krippe der Pfarrkirche seiner Stadt. Dort begegneten sie sich. Seine Tochter drückte ihm wortlos ihr Kind in seine Arme und dann ihren Vater an ihr Herz. Beide weinten still. Der Vater sagte mit einem Blick auf die Krippe, dann auf das Baby und die junge Mutter: »Ich wusste nicht, dass so ein kleines Kind so Großes bewegen kann.«

Als Opa sein Gebiss verlor

»Wir leben alle unter einem Dach«, sagt mein Opa oft, nicht ohne Freude und Genugtuung in seiner Stimme. Das stimmt! Die Großeltern bewohnen die Einliegerwohnung in unserem Haus, wir das Parterre und die erste Etage. Wir, das sind meine Eltern, meine Schwester Mona und ich. Die Eingangstüren zu den Wohnungen sind immer offen und jeder besucht jeden mehrmals am Tag. Alle Feste, ob Weihnachten, Ostern oder die Geburtstage, feiern wir immer gemeinsam.

Als ich noch in den Kindergarten ging, haben die Großeltern mich des Öfteren von dort abgeholt und »verköstigt«, Omas Ausdruck. Opa ist mit mir bei Wind und Wetter zum Spielplatz gegangen oder hat mich, so oft er konnte, begleitet, wenn ich mit dem Laufrad unterwegs war. Heute – ich gehe seit dem Sommer in die erste Klasse – hilft er mir bei den Hausaufgaben oder spielt mit mir. Er ist ein schlechter Verlierer – oder ein guter Schauspieler.

Überhaupt ist mein Opa ein Alleskönner. Er kann einen Fahrradschlauch flicken, einen Drachen bauen, Geschichten erzählen. Als ich klein war, hat er mir oft die Grimmschen Märchen vorgelesen.

Einmal sagte er zu mir: »Du bist jetzt schon ein richtiger Mann und dem kann ich von wahren Ereignissen berichten. Märchen erzählen die Erwachsenen kleinen Kindern. Dafür bist du zu groß.« Er machte eine Pause und fügte hinzu: »Es ist ein Märchen, dass der Klapperstorch die Kinder bringt. Sieh dir unsere Nachbarin Frau Bergmann an! Sie hat einen dicken Bauch. Warum? Sie bekommt bald ein Baby.«

Er lachte und sagte: »Oder glaubst du, es gibt eine Zahnfee, die dir, nachdem du deinen Zahn verloren und ihn auf die Fensterbank gelegt hast, eine Tafel Schokolade gebracht hat? Das war deine Mutter! Alles geschieht, wie die Natur es vorgesehen hat. Erst hattest du Milchzähne, jetzt bekommst du neue, deine zweiten. Darum hast du so große Lücken in der oberen und unteren Reihe.« Dann grinste er und zeigte auf seine strahlendweißen Beißerchen: »Und ich habe schon meine dritten Zähne. Sind sie nicht schön gleichmäßig?«

Er wartete gar keine Antwort ab, schüttelte nur immer wieder seinen Kopf und fuhr fort: »Am schlimmsten treiben es die Amerikaner. Sie haben Santa Claus erfunden, der mit Rentieren und einem Schlitten am Himmel fliegt und durch den Schornstein den Kindern die Geschenke bringt.« Mein Großvater hielt sich den Bauch vor Lachen und wollte wissen: »Hast du schon einmal bei uns fliegende Hirsche oder Rehe gesehen? Gar erlebt, wenn sie ohne Flügel über unsere Köpfe hinwegdonnern?« Dann grinste er herausfordernd: »Durch den Schornstein soll Santa Claus kommen! Mit einem prallvollen Sack! Damit alle Kinder singen können: ›Wer fürchtet sich vorm schwarzen Mann?‹ Warum schellt er nicht an der Haustür wie jeder normale Mensch?«

Dann sah er mich ernst an und erklärte mir: »Auch bei uns bringt kein Weihnachtsmann den Kindern ihre Geschenke. Überleg doch einmal! Wie kann er zur gleichen Zeit in Berlin bei deiner Cousine Nora, bei unseren Bekannten in Hannover und meinem Geschäftspartner in Rom sein? Das alles an einem Abend und das millionenmal in allen Haushalten mit Kindern!«

Er schüttelte schmunzelnd seinen Kopf und versicherte mir: »Nein! Die Geschenke legen dir deine Eltern unter den Christbaum – und ich.«

Wenige Tage später kam ich aus meinem Zimmer und hörte auf der Treppe, wie meine Eltern bei offener Küchentür laut miteinander redeten. Meine Mutter war davon überzeugt: »Du kannst dieses Jahr nicht mehr der Nikolaus sein.« Mein Vater fragte ganz verblüfft: »Und warum nicht?« Ich blieb wie angewurzelt stehen.

Meine Mutter antwortete ihm: »Johannes schöpft Verdacht. Es ist ihm aufgefallen, dass du jedes Mal fehlst, wenn der heilige Mann kommt. Er glaubt nicht mehr, dass du immer just zu diesem Zeitpunkt so viel Arbeit im Büro hast.«

»Wer soll es denn sein?«

»Dein Bruder Olaf! Er will uns doch sowieso am nächsten Tag besuchen. Dann muss er eben einen Tag früher kommen.«

Ganz leise bin ich in mein Kinderzimmer geschlichen, denn ich wollte nicht, dass sie mich bemerkten.

Am Nachmittag des 6. Dezember stand Tante Barbara mit einem Koffer vor der Tür, mit einem großen, da hätten Sachen für zwei Personen hineingepasst.

Für einen wochenlangen Besuch! Meine Mutter fragte, ganz offensichtlich überrascht. »Wo ist denn dein Mann? Wo ist Olaf?«

Meine Tante antwortete brav: »Der kommt später. Musste noch was Dringendes erledigen.«

»Bestimmt etwas Geschäftliches in seinem Büro«, sagte ich.

Eine Stunde später hatten wir uns alle – ohne Onkel Olaf – im Wohnzimmer versammelt und warteten auf den Nikolaus. Wie jedes Mal sangen wir: »Nikolaus, komm in unser Haus«. Opa besonders laut, fast ein wenig trotzig. Mona leise, dafür erwartungsvoll. Mutter sagte dann deutlich und vernehmlich zu ihrer Schwägerin: »Hoffentlich kommt mein Schwager bald, damit er nicht den Nikolaus verpasst.« Sie hatte den Satz gerade ausgesprochen, da klopfte es an der Tür. Vati rief: »Komm herein, Nikolaus!« Er trat ein. Ich jubelte: »Sie sind da! Beide! Der Nikolaus und Onkel Olaf!«

Mein Opa lachte so laut und so herzhaft, dass er sein Gebiss verlor. Nur das obere, das saß schon immer sehr locker.

Weihnachten, Tage der Einsicht

Die Familie Goll baut jedes Jahr neben dem Weihnachtsbaum ihre Krippe auf, nicht darunter, wie die meisten es machen, nein, seitlich, denn sie ist groß, sehr groß. Der Vater liebt sie über alles; sie ist ein altes Erbstück. Er hat sie von seinem Urgroßvater übernommen. Dieser war wie der heilige Josef Zimmermann von Beruf und hat sie komplett aus Holz gearbeitet, die Platte, den Stall und sämtliche Figuren, die Menschen wie die Tiere, alles massiv Buche und fest auf dem Untergrund verschraubt.

Mutter Goll bekleidet die Personen stets mit selbstgenähten Gewändern, sogar über die Schafe legt sie bunte Wolldeckchen und auf die Kamele kleine Sättel. Den Boden und den Stall bedecken Vater Goll und seine zwölfjährige Tochter mit Moos und Stroh. So ist der Anblick gar nicht einmal so fürchterlich. Zudem haben sich alle daran gewöhnt und bereiten dazu Vati eine große Weihnachtsfreude.

Praktisch ist sie schon, denn der jährliche Aufbau entfällt und die Decken, die Sättel und die Kleidung liegen stets griffbereit in einer Schlafzimmerschrankschublade.

Unpraktisch nur ist der Transport. Denn dieses massive Ungeheuer steht im Keller, damit es das Jahr über keinem im Wege ist, hoch oben auf einem Schrank.

Am Morgen des Heiligen Abends begibt sich wie immer die ganze Familie dorthin, um die Krippe vom Keller ins Wohnzimmer zu bugsieren. Als die Eltern sie von dem Schrank holen wollen, verliert der Vater das Gleichgewicht. Darum entgleitet die Krippe seinen Händen. Er fällt um und schlägt mit dem Gesicht auf den Boden auf, auf den harten Beton.

Die Mutter hat nun die Verantwortung für das gesamte Monstrum. Es ist zu groß für ihre kleinen Hände. Der Hocker, auf dem sie wegen des Größenausgleichs steht, kommt ins Wanken, kippt um, und sie fällt dem Armen in den Rücken – im wahrsten Sinne des Wortes. Man kann auch sagen, sie begräbt ihn unter sich, auch im wahrsten Sinne des Wortes, denn sie ist ziemlich korpulent.

Der Unfallhergang dauert nur Bruchteile von Sekunden. Genauso schnell reagiert die Tochter. Sie wählt mit ihrem Handy den Notruf. Teenager haben es ja immer zur Hand. Sie versucht erst gar nicht – schmächtig, wie sie ist –, das Knäuel zu entzerren. Die Retter kommen auch sehr rasch.

Sie arbeiten wie Profis, entwirren den Haufen gekonnt, tragen den Lädierten ins Wohnzimmer. Die Mutter kann selber laufen, sie ist nur am Arm verletzt.

Dem Hausherrn legen die Sanitäter im Gesicht einen Verband an. Augen, Nasenlöcher und Mund bleiben frei.

Weil es Heiligabend ist und die Pfleger sicher ein gutes Werk vollbringen wollen, fragt einer: »Sollen wir die Krippe heraufholen?« Jetzt mischt sich die Tochter ein: »Nein, vielen Dank! Nicht wahr, Papi?« Dabei dreht sie sich zu ihrem Vater um und fragt: »Du bist doch auch der Meinung. Die kleine Krippe, die ich in meinem Zimmer habe, tut es diesmal auch. Und Weihnachten ist doch eine Zeit des Neuanfangs.«

Frohe Weihnachten!

Einen Tag vor dem Heiligabend sitzen in einem Seniorenheim, das sinnigerweise »Freude und Frieden« heißt oder umgekehrt, einige ältere Herrschaften zusammen und erzählen sich Dönekes – so sagt man im Sauerland zu kleinen, nicht ganz ernst gemeinten und nicht immer ganz der Wahrheit entsprechenden Geschichten.

Der 80-jährige Erwin gibt eine zum Besten:

»Ja, so war es damals bei uns in dem kleinen Dorf im Hochsauerland. Da kam am Heiligen Abend noch der Weihnachtsmann selbst in die Familien und verteilte die Geschenke an jeden persönlich. Mein Freund Werner, ein hundertprozentiger, penibel genauer Buchhalter, hatte sich schon sehr zeitig sein Kostüm besorgt. Er sagte sich auch bei jedem Sonderangebot: Haben ist besser als später nötig brauchen. Alles passte perfekt, selbst der Bauch zum Aufblasen machte was her, und der Bart aus einem Stück saß wie angegossen. Nur die weißen Augenbrauen glichen ein bisschen einem Hasenschwänzchen.

Er trat, so gekleidet, in unsere gute Stube, in der ich mich mit meiner Familie versammelt hatte. Das waren meine Frau, ihre Eltern, meine Wenigkeit und unsere fünf Kinder. Wir saßen alle in einem Halbkreis um den geschmückten Weihnachtsbaum herum, der auf einem Ständer stand, der sich drehen konnte – solche gab es früher mit einer integrierten Spieluhr. Sie waren der letzte Schrei. Und mit einem Schrei sollte auch alles enden.

Die Spitze des Baumes krönte der Stern von Betlehem, darunter baumelten Strohsterne, Rauschgoldengel und Kristallkugeln und in Augenhöhe der Kinder Engelhaar und Lametta, Naschwerk und Nüsse. Bevor es an das Verteilen der Geschenke ging, löste ich feierlich die Sperre am Christbaumständer; der Baum begann sich langsam zu drehen und die Walze spielte ›Leise rieselt der Schnee ...‹ Großmutter hatte Tränen in den Augen, meine Frau gluckste vor Freude und die Kinder klatschten vor Begeisterung in die Hände.

Doch dann klopfte der Weihnachtsmann energisch mit seinem Hirtenstab auf den Fußboden – dreimal – einmal wäre besser gewesen –, um sich Gehör zu verschaffen und mit dem Verteilen der Geschenke zu beginnen. Dazu kam es aber nicht. Es rieselte auch nicht mehr der Schnee, sondern der sich selbstständig machende Baum ließ seinen Schmuck nicht rieseln, sondern fliegen.

Verflixte Technik! Die massiven Schläge auf den Holzfußboden deuteten die Zahnräder falsch. Sie drehten sich jetzt schneller, immer schneller, und mit ihnen der Baum. Das schöne Lied wurde bis zur Unkenntlichkeit verzerrt. Es kam noch schlimmer. Bei der sich mehr und mehr steigernden Drehzahl sauste der Stern von Betlehem wie ein Komet – nicht durchs All, aber durch den Raum – und fegte Werner die Bischofsmütze vom Kopf. In schneller Reihenfolge lösten sich jetzt von den Zweigen die Kugeln, Plätzchen und Nüsse. Besonders die Letzteren wurden zu wahren Geschossen. Die Kinder verkrochen sich hinter Großmutters Ohrensessel, meine Frau und ich legten uns wie bei einem Banküberfall auf den Boden und hielten schützend die Hände über unseren Kopf. Die Gute jammerte: ›Mein Gott, nun tu doch was!‹ Mit ›mein Gott‹ war ich, der Ehemann, gemeint und nicht Werner, der Weihnachtsmann. Der bewahrte Haltung, stand kerzengerade vor der Tür wie ein Wachsoldat vorm Buckingham-Palast, war aber von oben bis unten mit Engelhaar und Lametta dekoriert, sodass sein aufgeblasener Bauch gar nicht mehr zur Geltung kam.

Dann die Rettung. Der Baum löste sich aus dem Ständer, segelte durch die Luft und landete nach kurzem Flug auf der Anrichte, auf der sich das Festessen befand. Nicht mehr lange!«

»Und wie ging es weiter?«, will einer der Zuhörer wissen.

»Na, wie wohl?«, antwortet Erwin. »Unsere Großmutter meinte: ›Schöne Bescherung! Und wann gibt es die richtige?‹ Der nicht gerade hocherfreute Angesprochene ließ seinen Sack fallen, wünschte uns allen ›Frohe Weihnachten‹ und dampfte unverrichteter Dinge davon.«

Der Fragende steht auf, drückt Erwin die Hand und sagt mit dankbarer Stimme: »Eine schöne Weihnachtsgeschichte für uns Ältere, die den Ernst des Lebens hinter sich haben. Sie tut gut in einer so besinnlichen Zeit, mahnt uns, auch in ihr das Schmunzeln nicht zu verlieren.«

Das Würstchen mit den drei Enden

Die beliebtesten Mahlzeiten in den deutschen Familien am Heiligabend sind die Gans und der Karpfen. Ein Dauerbrenner ist und bleibt aber auch das einfache Essen: Kartoffelsalat mit Würstchen.

Auch ein Dauerbrenner in der Familie Gerber ist die Frage: Wann sollen die Kinder an diesem besonderen Tag zu Bett gehen? Der älteste der drei meint, es wäre angebracht, dass sie heute bis zehn Uhr aufbleiben dürfen, damit sie sich an den Geschenken ausgiebig erfreuen und das eine oder andere Plätzchen genießen können. Der Vater ist strikt dagegen mit der Begründung, Kinder brauchen ihren Schlaf, immer und an jedem Tag.

Die Mutter enthält sich der Stimme, stellt wortlos den selbstgemachten Kartoffelsalat mit den speziellen Würstchen vom Metzger Brinkel auf den Tisch.

Der Großvater, der am Heiligen Abend auch immer dabei ist, sieht eher zustimmend seinen Enkel an.

Plötzlich sagt der Vater mit einem schelmischen Lächeln: »Carsten, wenn du es schaffst, dass das Würstchen drei Enden hat, dann dürft ihr alle drei eine Stunde länger aufbleiben. Versprochen!«

Carsten grinst verschmitzt, zeigt mit der Messerspitze auf sein Würstchen und sagt: »Hier ist ein Ende und dort das zweite.« Dann fängt er, nachdem er Senf aus der Tube auf den Tellerrand gedrückt hat, in aller Seelenruhe an, sein Essen zu verspeisen. Der Vater summt vor sich hin: »Alles hat ein Ende, nur die Wurst hat zwei, die Wurst hat zwei.« Immer wieder sieht er seinen Sohn erwartungsvoll an; seine Augen scheinen zu sagen: »Wie weiter?«

Nachdem Carsten sich nach dem Verzehr des Essens mit der Serviette den Mund abgewischt hat, meint er: »Sieh da, das dritte Ende!«

Der Vater lacht amüsiert und stellt fest: »Ich sehe nur einen leeren Teller.«

»Ja«, erklärt der Sohnemann, »und das Ende des armen Würstchens.«

Der Großvater schlägt sich vor Lachen auf die Oberschenkel und meint, für diese Antwort müssten die Kinder bis Mitternacht aufbleiben dürfen. Die Mutter lenkt ein: »Aber mindestens eine Stunde länger als sonst.«

Der Vater meint nur lächelnd: »Versprochen ist versprochen.«

Sehr gut!

Was wäre Weihnachten ohne Kerzenschimmer, Lichterglanz oder leuchtende Kinderaugen, die freudvolles und vertrauensseliges Staunen offenbaren! Der Nikolaus, der Weihnachtsmann oder das Christkind sind wichtig für den Zauber der Weihnacht, begeistern die kleinen und großen Herzen, verbreiten wundervolle Vorfreude.

Kurz vor dem schönsten Fest der Christenheit fragt Oskar seinen Vater: »Sag mal, Vati, gibt es den Weihnachtsmann wirklich?«

Dieser setzt sich zu seinem Sechsjährigen, nimmt ihn liebevoll in den Arm und sagt: »Ehrlich! – Nein! Diese Person ist eine Erfindung, die den Kindern das von ihnen so sehr herbeigesehnte Fest noch schöner machen soll. Es gibt auch keine Frau Holle, die die Winterzeit verzaubert, keinen Osterhasen, der Eier versteckt, und keine Zahnfee, die Geschenke bringt, wenn der erste Milchzahn ausgefallen ist.«

Dann sieht er seinen Sohn ernst an und ermahnt ihn: »Das sagst du aber nicht anderen, nicht denen, die noch an den Weihnachtsmann und das Christkind glauben. Du raubst ihnen nicht ihre Illusionen, vor allem nicht ihre Träume! Versprochen?« Oskar hebt die rechte Hand wie zum Indianerehrenwort und gelobt: »Versprochen!« Danach stoßen Vater und Sohn mit den Fäusten aneinander, so wie zwei erwachsene Partner, die einen Pakt geschlossen haben.

Einige Tage später ist Oskar bei seinen Großeltern zum Plätzchenbacken eingeladen. Sie wohnen nur vier Häuser weiter, wie Mutti sagt, und den Weg dorthin findet er allein. Bei ihrer Weihnachtsbäckerei, bei der auch das entsprechende Lied von Rolf Zuckowski nicht fehlen darf, gibt es auch immer eine riesengroße Kleckerei, aber mit sauberen Händen und nichts geht daneben, nicht einmal beim Großvater. Nichts verbrennt! Der Enkel darf zur Belohnung für sein fleißiges Helfen immer eine große Schachtel voll von dem Selbstgebackenen mitnehmen.

Als er sich mit seinem Vater beim Flackern der dritten Adventskerze die Köstlichkeiten schmecken lässt, sagt er zu ihm, ganz leise und im Vertrauen: »Vati, Oma und Opa glauben immer noch an den Weihnachtsmann. Sie haben die ganze Zeit so begeistert von ihm gesprochen. Ihre Freude auf sein Kommen ist riesengroß.«

Dann schaut er seinen Paps mit großen, treuen Augen an und versichert ihm: »Ich habe sie ihnen nicht genommen. Ganz ehrlich! Richtig gemacht?« Dann streckt er seinem Vater die offene Hand entgegen, wie die Erwachsenen es machen nach einem Sieg. Der stolze Vater klatscht ihn ab und versichert ihm: »Gut gemacht! Sehr gut!«

Gelebte Weihnachten

Es gibt Ereignisse, die geschahen vor mehr als 100 Jahren und zeigen uns noch heute, dass es gut ist, wenn der Mensch nicht nur mit seinem Verstand, sondern auch mit seinem Herzen urteilt.

Aus der Geschichte kennen viele von uns Alexander den Großen, Iwan den Schrecklichen oder Wilhelm den Eroberer, kaum einer Erwin den Geizigen.

Der Baron hieß mit richtigem Namen Erwin von und zu Gehlheim. Seine Bediensteten nannten ihn hinter vorgehaltener Hand nur »den alten Geizkragen«. Er besaß ein großes Anwesen, das diese bearbeiteten. Sie wohnten, ob Küchenhelfer, Stallburschen oder Feldarbeiter, in primitiven Hütten vor seinem Gut, welches sie nur zur Arbeit betreten durften, ob die Räume für die Herrschaften, die Speicher für den Vorrat oder die Stallungen für die Tiere. Ihre Arbeit war hart, ihr Lohn gering, daher der Spitzname.

Einmal fehlten im Herrenhaus zwei wertvolle Vasen und ein Dekorteller. Der Täter war schnell ermittelt, denn er hatte versucht, das Diebesgut im Pfandhaus zu versetzen. Er gehörte zum Personal, wohnte mit seiner Familie – seiner Frau und seinen sechs Kindern – in einer dieser Hütten vor dem Gut. Nicht nur die Eltern, auch die Kinder mussten sich oft hungrig ins Bett legen, obwohl die Frau sich als Küchenhilfe verdingte und ein wenig Geld zum

Unterhalt dazuverdiente. Der gesamte Lohn reichte dennoch nicht aus, alle sattzubekommen.

Der Baron ließ den Dieb mit seiner ganzen Familie und alle Angestellten antreten. Sie mussten sich vor ihm aufreihen, die sechs Kinder der Größe nach. Der Dieb, zerknirscht, den Tränen nah, gestand seine Tat; er rechtfertigte sein Handeln damit, dass er nicht aus Habgier gestohlen habe, sondern um den Hunger seiner Familie zu stillen. Die Kinder sollten sich wenigstens an Heiligabend einmal sattessen können. Dafür habe er das Geld benötigt.

Während er beschämt zu Boden blickte, schauten die Kinder den Baron eher trotzig, beinahe herausfordernd an. Sie waren stolz auf ihren Vater, der wusste, was ihn erwartete. Der Baron würde ihn des Gutes verweisen, ihn für immer arbeitslos machen, schlimmstenfalls in den Schuldturm werfen lassen.

Plötzlich scherte die jüngste Tochter Maria aus, lief auf ihren Vater zu, streckte ihm ihre kleinen Arme entgegen. Er hob sie hoch und sie flüsterte: »Papa, ich hab dich lieb!« Gemessenen Schrittes ging nun auch der älteste Sohn Michael zu ihm und sagte, nachdem er sich ganz nah an ihn geschmiegt hatte: »Vati, ich bin stolz auf dich!« Nach und nach umringte ihn die ganze Familie und alle standen eng beieinander wie eine verschworene Gemeinschaft. Die Umstehenden bekamen feuchte Augen.

Selbst der Verwalter blickte seinen Dienstherrn, der im Begriff war, sein vernichtendes Urteil zu sprechen, tadelnd an. Den hinderte plötzlich eine innere Stimme daran. Er zögerte, schaute in die aufgebrachte Runde seiner Bediensteten, sah in die vom Hunger gezeichneten Gesichter der sechs Kinder und der Frau, in das von Not und Gram geprägte Antlitz des Vaters, und sagte plötzlich zur Überraschung aller: »Sie haben gestohlen, nicht um sich zu bereichern, sondern um Ihrer Familie Essen und Trinken zu geben. Ihre Tat war ein Unrecht, mein Verhalten aber auch. Ich hätte Ihnen mehr Lohn für Ihre schwere Arbeit bezahlen müssen, damit Sie nicht gezwungen waren, zu stehlen. Sie bekommen eine Sonderzahlung von drei Talern und in Zukunft mehr Gehalt.« Dann blickte er in die überraschten, aber freudigen Gesichter der anderen Angestellten und fügte hinzu: »Mehr Gehalt gibt es für alle. Zudem ist jeder von euch eingeladen, mit mir das Weihnachtsfest im Herrenhaus zu feiern. Ich werde ein Festmahl geben.« Ein unglaublicher Jubelschrei hallte durch das Gebäude.

Erwin von und zu Gehlheim ist den Worten des Gottessohnes »denn was ihr für den Geringsten einer meiner Brüder getan habt, das habt ihr mir getan« nachgekommen. Er hat die Weihnachtsbotschaft zum ersten Mal gelebt; gespürt, das Geben glücklich macht.

Weihnachten – das Fest der Geselligkeit

Früher war Erna bettelarm, jetzt ist sie steinreich. Früher lebte sie in einer Zweieinhalb-Zimmer-Wohnung, jetzt bewohnt sie eine Luxusvilla.

Vor den Weihnachtstagen fürchtete sie sich. Denn sie saß am Heiligabend immer ganz allein in ihrem kleinen Zuhause und schaute fern. Sie beneidete sehr die glücklichen Familien, die im Kreise ihrer Lieben dieses Fest in Gemeinsamkeit feierten.

Vor zwei Jahren dann schnappte sie sich zwei Weinflaschen, diese Ein-Liter-Bottles von der billigsten Sorte, und eine große Tüte Kekse aus dem Sonderangebot vom Supermarkt und begab sich zu den Obdachlosen unter der Brücke vor der Stadt. Mit ihnen feierte sie in »guter« Gesellschaft ihren Heiligen Abend. Man trank aus der Flasche reihum und aß mit den Händen; jeder langte zu, griff in die Tüte. Im letzten Jahr wiederholte sie diese »Feier«. Die Stimmung war wieder gut, nur dieses Mal bemängelten alle, Hilde, Kasimir und Wladimir, das war der, der aus Sibirien kam und schlecht Deutsch sprach, und sie selbst, dass etwas fehle, nämlich der weihnachtliche Rahmen.

Wie sie noch lamentierten, fiel ein Christbaum vom Himmel – falsch; er wurde von zwei Waldarbeitern, die auf dem Markt ihre Weihnachtsbäume verkauft hatten, über das Brückengeländer geworfen. So konnten sie ihrem Chef sagen, sie hätten früher

Feierabend machen können, weil sie alle Bäume verkauft hatten. Den einen verschwiegen sie, entledigten sich seiner. Er war nicht an den Mann zu bringen, schon gar nicht an die Frau, selbst wenn sie bis Mitternacht dort ausgeharrt hätten. Denn er war nicht gerade ein Bild von einer Tanne, eher eine Ausgeburt der Hässlichkeit. Der Stamm war krumm, die Zweige schief und die Spitze abgeknickt. Kasimir und Wladimir gelang es, diesen Wildwuchs zum Stehen zu bringen. Hilde schmückte ihn mit Alufolie, die sie in Streifen zerrissen hatte.

Im Sommer dann geschah das Wunder. Ein Halbbruder, bekanntlich der aus Amerika, vermachte Erna in seinem Testament eine feudale Villa, ganz in der Nähe der Brücke, und dazu einen Batzen Geld. Dieser unverhoffte Segen veränderte Ernas Leben von Grund auf. Hinz und Kunz, besser gesagt Neffen und Nichten, entfernte Tanten und Onkel, ganz weit entfernte, erinnerten sich daran, dass sie eine Verwandte hatten, und hielten die Hand auf, manchmal beide. Geld stinkt nicht. Wie wahr! Sie durften kommen, so oft sie wollten, nur Weihnachten nicht. Zum Heiligen Abend lud sich Erna ihre »Freunde« ein. Sie kamen gern. Es ist erstaunlich, wie anpassungsfähig der Mensch doch ist. Alle drei aßen den Gänsebraten mit Messer und Gabel und tranken den Wein, sehr guten übrigens, aus Gläsern. So, wie das Kind in der Krippe sich über den Besuch der Hirten, der Ärmsten der Armen, freute, so glücklich war Erna über den

Besuch der Bedürftigen, der von der Gesellschaft Vergessenen. Weihnachten ist eben ein Fest der Geselligkeit, des Miteinanders – für alle, auch für Habenichtse.

4 · DIE BOTSCHAFT DER KRIPPE

Einer trage des anderen Last

»Opa, wir haben eine Neue in unserer Klasse. Sie heißt Samira, spricht kaum Deutsch, nimmt darum nur an Sport, Musik, Kunst und Mathe teil. Ihr weiterer Unterricht sind Deutschkurse mit anderen Kindern. Sie drückt sich oft in den Pausen in einer Ecke auf dem Schulhof herum. Manchmal tut sie mir leid, weil sie so einsam und allein ist«, sagt Nadine zu ihrem Großvater.

»Das ist gut. Mitleid kann zur Brücke werden. Spiel mit ihr! Nimm andere mit!«

»Aber was sollen wir mit ihr spielen?«

»Na, alles, was ihr auch miteinander macht. Verstecken, fangen oder ›Ab ins faule Ei‹. Das hilft ihr und du wirst sehen, sie freut sich«, meint der Großvater. Dann rückt er näher an seine Enkelin heran und sagt zu ihr: »Sie ist mit Sicherheit ein Flüchtlingskind. Sie hat bestimmt viel durchgemacht, wird mit den Eltern ihre Heimat verlassen haben, wie viele von ihnen zumeist Hals über Kopf. Sie sind alle unter enormen Anstrengungen, großen Strapazen und unter Einsatz ihres Lebens zu uns gekommen, auf der Flucht vor Krieg und Zerstörung, vor Verfolgung und Missbrauch, vor Hunger und Obdachlosigkeit. Sind auf der Suche nach einem neuen Zuhause, einem sicheren Zuhause, nach Arbeit und Essen. Wir sollten sie willkommen heißen; das tust du, indem du mit Samira spielst, dich um sie kümmerst. Das ist das schönste Geschenk, das du ihr machen kannst in dieser vorweihnachtlichen Zeit.«

Der Opa legt den Arm um seine Enkelin und erzählt weiter: »Als ich so alt war wie du, auch in die vierte Klasse ging, gab es dort manchmal einen ganz besonderen Tag, an dem wir ein wundervolles Geschenk bekamen.«

Opa streicht sich über seinen grauen Bart, zieht seine Enkelin näher an sich heran, als wolle er sie wärmen. »Es war ein kalter Winter. Es sollte das kälteste Weihnachtsfest werden, das ich je erlebt habe. Wir froren, physisch wie psychisch.«

»Was heißt das?«

»Nicht nur unsere Körper, auch unsere Seelen froren. Unsere Wohnungen waren eisig, wir hatten kaum etwas zu essen; wir hatten vor allem Angst vor der Zukunft, vor einer ungewissen, weil wir uns viele Feinde gemacht hatten mit dem Krieg, den Deutschland angezettelt hatte.«

Er schaut seine Enkelin lange an und fährt fort: »Und doch war eine milde Gabe am letzten Schultag vor den Weihnachtsferien ein Hoffnungsschimmer. Unser Lehrer gab jedem von uns ein Paket, ein Weihnachtsgeschenk. Er hatte die Lieferungen der letzten Monate gesammelt.«

»Welche Lieferungen?«

»Herr Baum war, wie wir alle, arm und hätte keine Geschenke verteilen können. Aber aus den USA kamen Pakete zu uns, Care-Pakete. Die private Hilfsorganisation CARE hat sie gepackt. Sie enthielten kalorienreiche Nahrung und so manche Süßigkeit.« Er lächelt die gespannt Zuhörende an: »An diesem Weihnachtsfest hat meine Schwester ihr erstes Stück Schokolade in ihrem Leben gegessen, ein kleines, denn sie musste die Tafel mit allen in der Familie teilen. Sie vergoss dabei Freudentränen.«

Opa kramt in seiner Tasche, zieht ein Karamellbonbon heraus und reicht es seiner Enkelin. Sie greift zu und lächelt.

»Du musst verstehen, es waren nicht die Pakete, die uns so viel Freude bereiteten – die auch; aber viel mehr, was sie uns sagten, nämlich dass man bereit war, uns wieder in die Völkerfamilie aufzunehmen.«

Großvater nickt wie zur Bestätigung und mahnt: »Es waren unsere ehemaligen Feinde, die sich um uns kümmerten, nicht nur mit Paketen, auch mit mehr als 13 Milliarden Dollar. Die Amerikaner nannten dies den Marshallplan. Der linderte die große Not in unserem Land. Um wie viel mehr müssten wir heute bereit sein, uns der Nöte der Flüchtlinge anzunehmen.«

Der Opa steht auf, reckt und streckt sich, setzt sich dann wieder zu Nadine und erzählt: »Wie du weißt, habe ich an einer Grundschule unterrichtet. Sie lag in der Innenstadt. Die Familien, die dort lebten, waren zumeist Mitbürger ausländischer Herkunft. Die Häuser hatten keine Gärten, die meisten Wohnungen nicht einmal einen Balkon. Darum habe ich im Sommer immer ein Klassenfest organisiert, ein Grillfest auf dem hinteren Schulhof. Er liegt sehr abgelegen, ruhig, fast im Grünen, ideal zum Feiern. Es war das schönste Fest für viele Familien, besonders weil wir die Vielfalt der Bürger, die zu uns gekommen sind, erleben durften. Jeder brachte etwas mit und stellte es auf einen großen Tisch. Ein Portugiese spendierte immer eine Ballonflasche Rotwein aus seiner Heimat. Die griechische Familie Spiros schaffte stets in rauen Mengen Lammspießchen heran, gewürzt mit einem Kräutermix vom Peloponnes. Eine türkische Großfamilie servierte Köfte, das sind Hackfleischröllchen aus Lamm- und Rindfleisch. Alle konnten sich nach Herzenslust bedienen. Weil die ganze Familie bei der Vorbereitung mitgeholfen hatte, durften alle mitkommen, Oma und Opa, Tanten und Onkel, natürlich die Eltern und Geschwister.

So wurde es ein buntes Fest der Gemeinsamkeit, ein Fest der Nationen, zu dem einige ihre traditionellen Trachten trugen. Die Geflüchteten, die jetzt zu uns kommen, werden diese Vielfalt bestimmt noch vergrößern. Darum sollten wir sie als Geschenk und nicht als Bürde empfinden. Am Ende der Feier spielte ein Neapolitaner stets »Il Silenzio«. Jetzt wussten alle, es war Zeit zum Aufbruch, Zeit zum Aufräumen, zum Einpacken und zum Abschiednehmen. Der Musikant kam jedes Mal zu mir, drückte meine Hände ganz fest und sagte mit bewegter Stimme: ›Es war wie Weihnachten.‹ Er erlebte Weihnachten mitten im Sommer.«

Opa stützt das Kinn auf die Hände, die wie gefaltet aussehen, und meint: »Die Weihnachtsbotschaft gilt nicht nur an den Festtagen, sondern immer und zu jeder Zeit.« Nadine sieht in nachdenkliche Augen, als Großvater mehr zu sich selbst als zu ihr sagt: »Viele Menschen kennen die Care-Pakete von damals gar nicht oder haben sie vergessen, Symbole der Hoffnung, des Verzeihens, vor allem aber Symbole der Menschlichkeit, des Miteinanders, des Helfens. Hilf deiner neuen Klassenkameradin, damit sie sich hier wohlfühlt. Die Worte Jesu: ›Was ihr einem meiner geringsten Brüder oder einer meiner geringsten Schwestern getan habt, das habt ihr mir getan‹, bedeuten nicht nur, dem anderen Unterkunft, Kleidung und Nahrung zu geben, sondern ihm mit Menschlichkeit, mit Herzensgüte zu begegnen, ihm Bruder oder Schwester zu werden.«

Ein kleiner Schritt – aber ein gewaltiger

Manchmal, an den Weihnachtstagen, denke ich an meinen Schulkameraden Karl-Josef und seinen Freund Karlheinz. Zuerst fällt mir dann immer Neil Armstrong ein, der am 21. Juli 1969 als erster Mensch seinen Fuß auf den Mond setzte und danach feststellte: »Ein kleiner Schritt für einen Menschen – aber ein gewaltiger Sprung für die Menschheit.«

Mein Schulfreund machte in der Adventszeit einen kleinen Schritt, durch den er seine Meinung tapfer vertrat. An der Tafel stand der Satz: »Schläge sind ein Armutszeugnis für einen Pädagogen.« Lehrer Streng, so hieß er wirklich, trat vor diese kühne Behauptung, kreuzte hinter seinem Rücken die Hände – ein Zeichen höchster Empörung – und verlangte, der Übeltäter solle sich unverzüglich melden.

Wir lebten in einem Internat, in dem preußischer Drill herrschte. Nachsitzen, Stockschläge, sogar stundenlanges Sitzen im Karzer waren an der Tagesordnung.

Der zutiefst Empörte forderte mit barscher Stimme: »Der Schmierfink soll sich stellen, genauer: sich neben seine Bank stellen und so sich zu seinem kriminellen Geschreibsel bekennen.«

Er machte eine Pause, um dem Übeltäter Gelegenheit zu geben, Einkehr zu halten. Dann drohte er: »Meldet der Betroffene sich nicht, bekommt die ganze Klasse Ausgangsverbot an den Weihnachtstagen.« Das war die Höchststrafe. Das bedeutete für uns alle, das Fest der Liebe, das Fest der Familie hinter den schmucklosen, kalten Mauern ohne die Lieben zu verbringen – ohne Umarmungen, ohne Geschenke, ohne Festlichkeiten.

Einen Moment lang herrschte Totenstille. Dann stellte sich Karl-Josef neben seine Bank, danach Karlheinz. Einer nach dem anderen erhob sich, bis der Letzte breitbeinig, trotzig, mit aufmüpfigem Blick in den Bankreihen sich aufgebaut hatte.

Herr Streng stützte jetzt die Hände in seine Hüften als Zeichen der Bereitschaft zum Gegenangriff, verweilte so wenige Augenblicke, drehte sich dann um, ging zur Tafel und wischte das Geschriebene ab. War es nun himmlische Erleuchtung, Kapitulation – oder wurde ihm die Botschaft der Krippe bewusst? Er sagte mit fast sanfter Stimme: »Alle dürfen Weihnachten heimfahren.«

Dann ging er zur Tagesordnung über.

Heute weiß ich: Weihnachten ist nicht ein rührseliges Fest; Weihnachten ist ein Auftrag, zivilcouragiert zu handeln, bereit zu sein, sich trotz drohender eigener Nachteile für die Wahrung humaner und demokratischer Werte einzusetzen. Karl-Josef ist und bleibt mir ein Vorbild; ich bin aber auch stolz auf uns alle, denn wir haben ein Stück Weihnachten gelebt.

In 400 Jahren vielleicht

Heiligabend 1647 in einem thüringischen Dorf.

»Opa, sind Mama und Papa tot?«, fragt der zwölfjährige Philipp seinen Großvater.

»Ja, ich befürchte es!«

»Und Johanna, Elisabeth und Bernhard auch?«

»Bestimmt! Die Söldner sind blutrünstig. Sie foltern, quälen, ermorden jeden, den sie aufspüren, auch alte Leute und kleine Kinder. Gerade Babys tragen sie gern auf ihren Lanzen wie Trophäen durch das Dorf. Die Frauen aber vergewaltigen sie, bevor sie sie umbringen. Junge Mädchen verschleppen sie als Kriegsbeute.«

»Opa, dann können wir ja froh sein, dass die Söldner uns hier in unserem Versteck hinter dem alten Leiterwagen, voll mit Heu und Stroh, nicht entdeckt haben.«

Er drängt sich ganz nah an seinen Großvater, der ihn fest umarmt.

»Was meinst du? Werden wir in der Küche oder in den Vorratsräumen noch irgendetwas Essbares finden?«

»Sehr unwahrscheinlich! Man sagt, der Krieg ernährt den Krieg. Die Söldner stehlen alles, was nicht niet- und nagelfest ist. Vor allem alles Essbare. Sie ziehen wie Heuschreckenschwärme über das Land.«

Dann macht er eine Pause, still trauernd, und sagt mit zitternder Stimme: »Philipp, wenn wir gleich

Qualm riechen, sollten wir unsere Beine in die Hand nehmen und laufen, laufen so schnell wir können, um uns im Wald zu verstecken. Wir werden ansehen müssen, wie unser Dorf brennt. Zuschauen und warten, bis sich die Landsknechte weit genug entfernt haben. Die meisten Menschen in Europa sind in den letzten Jahren nicht nur durch die mordenden Soldaten umgekommen, sondern durch Hunger. Wir müssen zufrieden sein, wenn wir noch einen alten Kanten Brot finden, und sei er verkohlt.«

Sie schweigen lange. »Morgen«, überlegt Philipp laut, »ist Weihnachten. Der Engel hat den Menschen Frieden versprochen. Wird es einmal Frieden geben?«

»Ich weiß es nicht. Wir können nur darum beten. Dann in 300 oder 400 Jahren vielleicht.«

Ihre Gebete wurden erhört. Sechs Monate später, nach 30 Jahren des grausamsten Krieges, den die Welt bisher gesehen hatte, schlossen die Mächtigen in Münster und Osnabrück den »Westfälischen Frieden«; heute würden wir eher sagen: einen Waffenstillstand. Der Großvater wusste nicht, dass beinahe 300 Jahre später der Zweite Weltkrieg mit 70 Millionen Toten beendet sein würde. Er wusste noch weniger, dass die Menschen sich mittlerweile Waffen geschaffen haben, mit denen man die gesamte Menschheit vernichten, jegliches Leben auf diesem Planeten auslöschen, den Globus aus den Angeln heben könnte. Er ahnte nicht einmal, wie wichtig die Weihnachtsbotschaft sein würde: Der Engel versprach: »Auf Erden ist Frieden bei den Menschen seiner Gnade.« Er ahnte auch nicht, wie sehr die Menschen dieser bedürfen, wie inständig sie darum flehen müssen. Wir alle! Und nicht nur zur Weihnachtszeit!

Richtet nicht!

Der Himmel ist zementgrau, die Luft nasskalt, die Stimmung der Menschen dem Wetter entsprechend. Sie huschen missmutig durch die Straßen, erledigen die letzten weihnachtlichen Einkäufe im Eiltempo.

Den Bettler seitlich des Eingangs zum Kaufhaus beachtet kaum jemand; ganz selten lässt ein Vorbeieilender eine Münze in die Blechdose fallen, die er mit ausgestrecktem Arm allen entgegenhält. Das Schild auf seiner Brust mit der Aufschrift »Ich habe Hunger« stört nur die Vorfreude auf das weihnachtliche Festmahl.

Ein Mann bleibt stehen. Statt Almosen in die Dose zu werfen, wirft er ihm harsche Worte an den Kopf – so laut, dass es auch andere Passanten mitbekommen: »Wer auf der Straße sitzt und bettelt, sollte sich nicht einen so großen Hund halten. So ein Tier braucht Futter und das kostet Geld. Und wer sich einen Labrador leisten kann, darf sich schon gar nicht ein Schild um den Hals hängen, das ihn als Hungernden ausweist.«

Seine Frau, die neben ihm verweilt, nickt zustimmend, eilig Vorbeigehende auch. Ein Passant aber bleibt stehen, schaut den Echauffierten an und fragt dann: »Haben Sie ein paar Minuten Zeit? Ich möchte Sie und Ihre Frau zu einer Tasse Kaffee einladen.« Der Mann wundert sich, nimmt aber die Einladung an.

Im Warmen stellt sich der Fremde vor: »Mein Name ist Muth, Josef Muth!«

»Angenehm, Meyer. Frau und Herr Meyer«, sagt der 45-Jährige.

Sie reichen sich die Hände, nehmen Platz und geben ihre Bestellung auf. Frau Meyer nimmt zu ihrem Tee noch ein Stück Kuchen.

»Ich habe gehört, was Sie dem Bettler vorgeworfen haben«, beginnt Herr Muth das Gespräch. »Von der Sache her haben Sie recht, aber ...«

Herr Meyer unterbricht ihn: »Natürlich habe ich recht. Ich kann nicht um Essen betteln und gleichzeitig ein so großes Tier durchfüttern.«

»Warten Sie!«, setzt Herr Muth seine Überlegungen fort. »Ich kenne den Bettler nicht, weiß nichts über sein Schicksal, aber wenn er bei der Kälte auf der Straße sitzt, muss er sehr weit unten angekommen sein. Wahrscheinlich lebt er sogar da.«

»Das ändert doch nichts an meinem Vorwurf.«

Inzwischen bringt die Kellnerin zwei Kännchen Kaffee, eine Tasse Tee und das gewünschte Stück Torte.

Der Einladende meint: »Sein ganzer Besitz steckt wahrscheinlich in der Plastiktüte und dem Rucksack, die neben ihm lagen. Aber das ist nicht das Entscheidende. Ihm fehlt außer greifbarem Besitz etwas viel Wichtigeres.«

»Was soll das sein?«, fragt die Frau und lässt sich die Buttercremebombe schmecken.

»Soziale Bindungen, familiäre Beziehungen, ein bisschen menschliche Wärme. Der Weg ins Abseits der Gesellschaft geht immer einher mit dem Verlust von engen Verwandten, guten Bekannten und alten Freunden. Die Leidensgenossen, die er im Park trifft, mit denen er unter der Brücke schläft oder in zugigen Ecken kauert, sind kein Ersatz für das, was er verloren hat, sind selbst gestrandete Geschöpfe.«

Er macht eine Pause, sieht seine Gäste an und meint: »Und davon gibt es viele. 700.000 Personen sind betroffen in der reichen Europäischen Union, und mit jeder Wirtschaftskrise werden es mehr.«

»Aber was hat das mit meiner Kritik an der Haltung eines solch großen Tieres zu tun?«, will Herr Meyer wissen. Herr Muth sieht ihn verständnislos an: »Sie versetzen sich nicht in die Lage des armen Mannes. Der Hund, den Sie ihm streitig machen wollen, ist sein einziger Partner, sein Ein und Alles. Mit ihm kann er reden; er hört ihm zu, auch, wenn er nicht antworten kann. Er schenkt ihm Wärme, wenn er ihn an sich drückt, nicht nur körperliche, auch seelische, denn er ist ihm Freund; ihn kann er lieben, von ihm wird er geliebt, auf ihn kann er sich verlassen.«

Das Ehepaar ist nachdenklich geworden. Herr Muth gibt beiden, als er sich verabschiedet, mit auf den Weg: »Wir feiern in wenigen Tagen das Fest der Liebe. Es steht auch unter der Mahnung Jesu an seine Jünger und damit an uns alle: ›Richtet nicht, auf dass ihr nicht gerichtet werdet. Nach dem Maß, mit dem ihr messt und zuteilt, wird euch zugeteilt werden.‹ Worte, die uns zu Menschlichkeit, Mitgefühl und gegenseitigem Verständnis mahnen. Es ist die eine dringliche Forderung des Mensch gewordenen Erlösers.«

Gott gibt dich nicht auf

Die Nacht auf dem Feld ist kalt. Hirten wärmen sich am Lagerfeuer. Bei ihnen sitzt auch der Galiläer Natanael von Kana. Er weilt gern unter diesen Menschen ohne Schulbildung und hört ihnen aufmerksam zu. Sie sprechen mit einfachen, aber deutlichen Worten Lebensweisheiten aus, klüger und klarer als alles, was er in seinen gelehrten Kreisen gehört oder in dicken Büchern gelesen hat.

Heute reden sie über eine Hoffnung, die die Herzen aller Israeliten seit eh und je bewegt, die Hoffnung auf das Kommen eines Erlösers. Seit vielen Hundert Jahren wartet das Volk Israels nun schon auf ihn. In der babylonischen Gefangenschaft wuchs diese Sehnsucht nach einem Retter, einem Messias, ins Grenzenlose, damit es mit dem Land Israel nicht vorbei ist. Mehr und mehr ging im Laufe der Jahre vielen Hoffenden dieser Glaube verloren. Dafür hat sich die Gewissheit breitgemacht, Gott habe sein auserwähltes Volk aufgegeben. Auch bei Natanael! Da sagt einer dieser Unreinen einen Satz, den er nie vergessen wird: »Du kannst Gott aufgeben, aber er gibt dich nicht auf.«

Im selben Augenblick erscheint ihnen ein Engel und ein himmlischer Glanz umstrahlt die Schäfer. Der Engel sagt: »Fürchtet euch nicht, denn ich verkünde euch eine große Freude, die dem ganzen Volk zuteilwerden soll: Heute ist euch in der Stadt Davids der Retter geboren; er ist der Messias, der Herr. Und das soll euch als Zeichen dienen: Ihr werdet ein Kind finden, das, in Windeln gewickelt, in einer Krippe liegt« (Lk 2,10–12).

Natanael eilt mit den Hirten zu dem Stall, in dem sie das Kind finden. Er bestaunt mit ihnen das Wunder der Menschwerdung Gottes. Die Worte des Hirten und das Versprechen des Engels gehen ihm nie wieder aus dem Kopf.

Aber erst mehr als 30 Jahre später begegnet er dem Messias. Jesus sieht Natanael auf sich zukommen und sagt: »Da kommt ein echter Israelit, ein Mann ohne Falschheit« (Joh 1,47). Dieser fragt ihn: »Woher kennst du mich?« Der Heiland erwidert: »Ich habe dich unter dem Feigenbaum gesehen« (Joh 1,48). Dies bedeutet, er weiß, dass dieser Mann schon »einen hohen Grad an geistlicher Weisheit« erreicht hat. Natanael antwortet darauf: »Rabbi, du bist der Sohn Gottes, du bist der König von Israel« (Joh 1,49). Er ist sich dessen sicher, weil er sich in diesem Augenblick an die Worte des Engels und des Hirten erinnert.

Natanael – er trägt seit der Berufung zum Apostel den Namen Bartholomäus (Mt 10,3) –, wurde einer der ersten Jünger Jesu. Er soll später in Indien, Mesopotamien und vor allem in Armenien gepredigt haben, wo er den Märtyrertod erlitt. Trotz großer Schmerzen und fürchterlicher Qualen, die er erdulden musste, hat er den himmlischen Vater nie verleugnet, Gott und seinen Glauben nie aufgegeben.

In jedem den Bruder sehen

Beim Adventsgottesdienst im Seniorenheim kurz vor dem Fest geschieht etwas Merkwürdiges. Die Krippe ist schon aufgebaut, selbst die elektrischen Kerzen am Baum leuchten und der Organist spielt weihnachtliche Melodien. Als Pfarrer Neumann den Altarraum betritt, steht der unbeliebte Herr Müller von seinem Stuhl auf und platziert etwas in der noch leeren Krippe, denn das Jesuskind wird traditionsgemäß erst am Heiligen Abend dort hineingelegt, wie auch die Heiligen Drei Könige erst später dazugestellt werden.

Einige seiner Mitbewohner fragen sich: Was soll das? Andere denken: Schon wieder der!

Der 85-Jährige ist bei ihnen nicht wohlgelitten. Er ist ein Eigenbrötler, immer missmutig und schlecht gelaunt. Klagt ständig über seine Wehwehchen, die jeder von ihnen hat, aber tapfer und schweigend erträgt; beschwert sich nach fast allen Mahlzeiten über das Essen, das den anderen gut geschmeckt hat; verdirbt regelmäßig die heitere Stimmung, die bei ihnen herrscht; nimmt jedem die Freude am Leben in dieser friedlichen und zufriedenen Gemeinschaft. Das mögen die älteren Herrschaften nicht, sie wollen ihre letzten Lebensjahre glücklich und mit viel Frohsinn verbringen. Darum meiden sie ihn, wo sie nur können, denn sein Missmut steckt an, macht depressiv.

Irgendwie hat einer sehen können, was ihr Mitbewohner dort ablegte. Das erfährt nicht nur Pfarrer Neumann, es geht auch wie ein Lauffeuer unter den Gläubigen herum. Sie raunen einander zu, der alte Griesgram hat ein Foto von sich in die Krippe gelegt. An der Stelle des Kindes liegt dort jetzt sein Porträt.

Pfarrer Neumann beginnt seinen Gottesdienst mit den Worten: »Wir feiern bald das Fest der Geburt Jesu. Gott ist Mensch geworden für jeden von uns. Er ist mein, dein, unser aller Bruder geworden. So sollen auch wir einander Brüder und Schwestern sein, einander annehmen mit all unseren Fehlern und Schwächen, von denen sich keiner freisprechen kann. Indem wir unseren Nächsten zu unserem Bruder, unserer Schwester machen, erfüllen wir die Weihnachtsbotschaft.«

Dann stimmt er das Lied an: »Herr, wir sind Brüder auf der ganzen Welt durch dich.«

Ein starker Trost

Wenn eine Mutter am Heiligabend erfährt, dass ihr todkrankes Kind leben wird, weil ein Spender gefunden ist, dann ist das mehr als das schönste Weihnachtsgeschenk, das sich ein Mensch erträumen kann. Dann wird ihr das eigene Kind noch einmal geboren.

Im Alter von 27 Jahren bekam die Belgierin Janet Pinon ihr erstes Baby. Nach der Geburt schien alles normal zu verlaufen. Ein halbes Jahr später aber erklärten ihr die Ärzte, dass bei ihrem Sohn Michel der Verdacht auf Erkrankung an Blutkrebs bestünde. Untersuchungen wurden gemacht und die Ergebnisse waren positiv.

»Ist das eine gefährliche Krankheit?«, fragte Frau Pinon noch völlig ahnungslos, als sie diese Mitteilung bekam.

»Tödlich«, sagte der Arzt unverblümt, setzte aber hinzu: »Hoffnung gibt es immer.«

Erst behandelte man den kleinen Patienten mit Medikamenten. Später folgten Bestrahlungen. Unzählige Krankenhausaufenthalte wurden fällig. Mit drei Jahren hatte Michel keine Haare mehr auf dem Kopf, sein Körper war ausgemergelt. Seinen vierten Geburtstag feierte er im Krankenhaus. Alle Besucher und er selbst trugen einen Mundschutz. Die kleinste Infektion hätte das Leben des Kindes beenden können.

Ohne eine Knochenmarkübertragung waren seine Tage gezählt. Fieberhaft suchten die Ärzte nach einem geeigneten Spender. Zunächst in Belgien, dann in Deutschland. Ein Wettlauf mit der Zeit begann. Michels Chancen zu überleben wurden mit jedem Tag geringer. Die Krankheit zeichnete ihn.

Am Morgen des Heiligabends klingelte bei Frau Pinon das Telefon. Der Chefarzt des Krankenhauses war am Apparat.

»Wir haben einen Spender gefunden«, sagte er, »und die Chancen sind optimal, denn alle Werte stimmen.«

Frau Pinon setzte sich auf einen Stuhl. Das Glück hatte ihre Knie zittrig werden lassen. Dann ging sie an das Bett ihres Sohnes, streichelte ihn und weinte hemmungslos. Sollte es möglich sein, dass ihr Kind ein normales Leben führen kann, dass die unzähligen Krankenhausbesuche ein Ende nehmen? Sollte es wahr werden, dass Michel wie andere Kinder lachen und toben darf, was ihm in seinem kurzen Dasein bisher versagt war?

Frau Pinon wagte das kaum zu hoffen. Noch mehr erfreuliche Nachrichten folgten nach den Feiertagen. Der Spender, ein junger Mann aus Essen, war zu weiteren Untersuchungen ins Krankenhaus gekommen. Alle waren positiv und der Transplantation stand nichts mehr im Wege. Die Zeit drängte aber auch mächtig. Der Termin sollte eine Woche vor Ostern sein. Frau Pinon betete zu Gott in Dankbarkeit.

An einem Sonntagabend klingelte erneut das Telefon. Wieder war der Chefarzt am anderen Ende. »Wir müssen die Transplantation absagen«, teilte er ihr mit, und tiefe Verbitterung klang in seiner Stimme.

»Nein!«, schrie Frau Pinon, denn sie wusste: Dies war das Todesurteil für ihren Sohn!

»Es ist nichts zu machen, der Spender hat seine Bereitschaft zurückgezogen. Alle Versuche der deutschen Ärzte, ihn umzustimmen, sind gescheitert. Selbst die Versicherung, dass der Eingriff harmlos sei und für Michel überlebenswichtig, konnte ihn nicht davon abhalten, mit unbestimmtem Ziel zu verschwinden.«

Am Karfreitag starb Michel, nicht einmal fünf Jahre alt. In die Fernsehkameras sagte die Mutter unter Tränen: »Ich verzeihe dem Mann aus Essen.« Eine tapfere Christin. Vielleicht hat ihr geholfen, dass mit dem Kind in der Krippe auch die Gewissheit auf eine Auferstehung, auf ein Leben in einer anderen Welt geboren wurde. Für sie ein starker Trost.

Lachen und Weinen sind Zwillingsgeschwister

Ich heiße Salima. Mein Name bedeutet Friedenshelferin. Ich bin 29 Jahre jung, mein Mann Davud ist 31. Wir feiern unser erstes Weihnachten in Deutschland. Unser Christkind ist ein Mädchen, 3800 Gramm schwer, 55 Zentimeter groß, und hat schon viele dunkle Haare. Es kam am Heiligabend zur Welt. Ich habe bei der Niederkunft geweint vor Schmerzen. Eine Geburt bedeutet für jede Mutter: Zähne zusammenbeißen, mit aller Gewalt pressen. Auch für mich. Ich habe Tränen der Freude geweint und nicht wenige, als man mir mein Baby in die Arme legte und mein Mann mich verliebter denn je ansah. Dieser Augenblick ist für alle Eltern ein Moment der Seligkeit, überwältigend, unvergesslich.

An diesem Weihnachtsfest, dem Fest der Liebe und des Friedens, vergoss ich weitere Tränen des Glücks. Nach fünf Jahren grausamen Bürgerkrieges feierte ich zum ersten Mal wieder ein Weihnachtsfest in Sicherheit und Geborgenheit, ohne Angst vor Verfolgung und Ermordung. Und das sogar mit einer kleinen Familie. Glück erfüllte mein Herz, Glück, das man nicht fassen, nicht in Worte kleiden kann.

Bittere Tränen liefen über meine Wangen bei der Erinnerung an die Vergangenheit, an ein Leben voller Hass, Bomben und Tod, bei den Gedanken an meine christlichen Glaubensbrüder in meiner Heimat. Viele lagen tot in Massengräbern oder Gruben, andere saßen verschreckt in Fluren oder Kellern, unter ihnen Verwandte und Bekannte. Auch an die vielen Notleidenden meines syrischen Volkes dachte ich unter Tränen.

Glückstränen habe ich vergossen, als mein Mann, unsere Kleine und ich eine eigene kleine Zweizimmerwohnung beziehen konnten. Wir hatten ein Zuhause, wie wir es noch nie erleben durften.

Ich habe geheult wie ein Schlosshund, als engstirnige Fanatiker, herzlose Nationalisten, gefühllose Fremdenhasser unsere Unterkunft anzündeten und wir und 20 andere Flüchtlingsfamilien Notunterkünfte beziehen mussten. In einer Turnhalle wurden wir zusammengepfercht, waren trotzdem froh, ein Dach über dem Kopf zu haben.

Dieses Massenlager ohne Privatsphäre hat der kleinen Seele meines Babys zugesetzt. Nächtelang jammerte und weinte es. Ich wischte mir Tränen aus den Augen, die ich vergoss aus Kummer und Gram, Sorge und Leid. Ich wischte mir auch Tränen aus den Augen vor Freude und Zuversicht, als unser Kind wieder ruhig und friedlich einschlief.

In nur wenigen Monaten habe ich mit meiner kleinen Tochter Glück und Freude, Unglück und Leid mannigfach erfahren. Dieser Zyklus wird nie enden. Ich werde Freude und Leid mit ihr durchmachen, bei den ersten zaghaften Schritten, bei den ersten schmerzvollen Ausrutschern, beim Toben voller Lebensfreude im Freien, beim sorgenvollen Sitzen am Krankenbett, beim Tag der feierlichen Einschulung und bei den Momenten schulischen Versagens, beim bestandenen Examen und bei beruflichen Misserfolgen, bei der großen Liebe und beim ersten Krach.

Bei euch wie bei uns sagt man: »Tränen, die du lachst, brauchst du nicht zu weinen.« Auch wenn es schwer ist, mein Lachen werde ich mir bewahren. Mein Christkind wird mir die Tränen der Trauer erträglicher machen. Ich weiß, Jesus ist nicht in die Welt gekommen, um das Leid aufzuheben. Er ist gekommen, um uns Menschen zu helfen, es zu ertragen. Die Frohe Botschaft, die von Weihnachten ausgeht, gibt mir Halt, Zuversicht und Lebensfreude. Lachen und Weinen sind Zwillingskinder. Schöne Stunden erlebt man bewusster, wenn man auch leidvolle ertragen hat.

Nächstenliebe, das Gebot der Krippe

Kurz vor Weihnachten. Es ist einer dieser grauen, nebligen Dezembertage, die wir seit dem Klimawandel auch im Sauerland immer öfter erleben. Kein

Schnee, keine Sonne, nicht einmal klirrende Kälte, damit man sich in den warmen Stuben an einem Becher Glühwein so richtig erfreuen kann. Keine Weihnachtsstimmung will aufkommen!

Frau Renner backt mit ihrer erwachsenen Tochter Weihnachtsplätzchen, um wenigstens ein bisschen von dem Zauber der adventlichen Zeit zu empfinden, um die Freude der Kindertage nachzuvollziehen.

Während ihrer Weihnachtsbäckerei werden sie gestört von einem Klingeln an der Haustür. Die Tochter legt das Nudelholz aus der Hand und sagt: »Mutti, ich schau nach, wer etwas von uns will.«

Sie eilt zur Tür und öffnet sie. Vor ihr steht ein älterer Herr ohne Arme.

»Entschuldigen Sie die Störung«, beteuert er, »ich komme von dem Heim ›Lebensfreude‹, wo ich auch tätig bin, und möchte Ihnen Weihnachtskarten anbieten, die behinderte Kinder mit dem Mund oder ihren Füßen gemalt haben.«

Er zeigt ihr einen Briefumschlag mit Karten. Die junge Frau sieht den Senior mitleidig an, greift aber nicht danach. Sie schüttelt den Kopf und meint: »Nein danke! Wir schreiben und verschicken Weihnachtskarten schon seit Jahren nicht mehr, wir telefonieren, versenden E-Mails oder skypen, und wann immer möglich nehmen wir persönlichen Kontakt mit unseren Lieben auf.« Dann sieht sie in das Gesicht des enttäuschten Mannes und greift nach ihrem Portemonnaie. Sie drückt ihm fünf Euro in die

Hand und sagt: »Eine Spende für Ihr Heim! Frohe Weihnachten!« Dann schließt sie die Tür.

Ihre Mutter fragt nach dem Besucher. Als ihre Tochter ihr erklärt, was er wollte, legt sie schnell die Ausstechformen beiseite und eilt zur Tür.

Der Fremde hat sich noch nicht weit von ihrem Haus entfernt. »Bitte, kommen Sie noch einmal zurück!«, ruft sie ihm nach. Der Mann schaut sich verwundert um, zögert, geht dann doch auf Frau Renner zu. »Zeigen Sie mir Ihre Weihnachtskarten!«, bittet sie ihn. Er zieht einige aus dem Umschlag. Die Mutter sieht sich jede einzeln an. Dann fordert sie den Herrn auf: »Lassen Sie uns doch nicht in der Tür stehen bleiben! Kommen Sie bitte herein!« Sie setzen sich an den Küchentisch und Frau Renner bietet dem Gast eine Tasse Kaffee und ein paar von den frisch gebackenen Plätzchen an. Sie bewundert dann noch einmal die Malereien der behinderten Kinder, staunt über deren Leistung. Dann reden sie über das Leben im Heim und wie sie dort die Weihnachtstage verbringen. Am Ende kauft sie ihm Karten für fünf Euro ab.

Der Mann geht und bedankt sich freudig.

Sei ein Licht in der Finsternis

Weihnachten 2022. Ich heiße Anastasia, gehöre der ukrainisch-orthodoxen Kirche an. Ich feiere das Fest der Liebe ohne meine Lieben, mutterseelenallein. Ich frage mich: Wovon erlöste mich Jesus, als er vor 2000 Jahren im Stall von Betlehem geboren wurde als Retter der Welt?

Um mich herum wütet ein furchtbarer Krieg. Die feindlichen Soldaten erreichten unsere Stadt Butscha Ende Februar, eine bis dahin familienfreundliche Stadt nordwestlich der Hauptstadt Kiew. Für mich war sie die schönste Stadt meines Heimatlandes. Darum haben wir, mein Mann und ich, uns dort eine Eigentumswohnung gekauft, um unseren Kindern ein schönes Zuhause zu bieten. Die Stadt liegt jetzt in Schutt und Asche, meine Wohnung ist zerbombt, fast völlig zerstört. Von den 37.000 Menschen, die hier einmal glücklich und zufrieden lebten, sind nur wenige übrig. Viele sind tot, die meisten geflohen.

Die Bilder aus meiner verwüsteten Stadt schockierten und erschütterten die Weltöffentlichkeit. Kriegsverbrechen von unvorstellbarem Ausmaß sind hier begangen worden. Allein auf der Jablunska-Straße fand man 20 Leichen von Zivilisten.

Es ist Heiligabend. Ich sitze in meiner verwüsteten und ausgeraubten Wohnung. Meine vierjährige Tochter Oleksandra und mein sechsjähriger Sohn

Yegor leben nicht mehr, sind unter den Trümmern unseres Nachbarhauses beim Spielen mit Freunden begraben worden. Von meinem Mann höre ich nichts mehr. Wahrscheinlich ist er in russische Gefangenschaft geraten und nach Sibirien abtransportiert worden. Mich haben sie nach endlosen Verhören, Misshandlungen und Demütigungen laufen lassen.

Ich sitze also in dem einzigen nicht völlig zerstörten, aber eiskalten Raum unserer Wohnung und weine, trauere um meine Liebsten.

Vor mir liegt eine Kerze. Da ich keine Streichhölzer habe, beschließe ich, bei den Nachbarn in der untersten Etage um Zündhölzer zu bitten. Die beiden älteren Leute begrüßen mich mit größter Herzlichkeit. Sie bitten mich herein. Ihre Parterrewohnung ist von den Granaten verschont geblieben. Die beiden sitzen im Warmen auf ihrem Sofa, denn ihre Elektroheizung funktioniert. Sie bieten mir an, Platz zu nehmen. Ich bedanke mich, lehne ihre Einladung aber ab, denn ich möchte mit meinem Kummer und Leid allein sein. An diesem Tag, dem Tag der Familie, vermisse ich meine besonders.

Ich frage mich: Gibt es einen gerechten und barmherzigen Vater? Das Licht der Kerze gibt mir die Antwort: Im Stall von Betlehem wurde Jesus, der von sich sagt, ich bin das Licht der Welt (Joh 8,12), geboren, um uns zu erlösen. Die Menschen damals dachten an eine Befreiung von der Unterjochung durch Rom wie wir von der durch Russland. Jesus ist

Mensch geworden, damit wir ein Leben in Liebe zueinander und miteinander führen können.

Eine innere Stimme sagt mir, du fühlst dich einsam und verlassen. Du weißt doch gar nicht, wie einsam sich die beiden alten Leute so ohne ihre Kinder und Enkelkinder fühlen. Geh zu ihnen und leiste ihnen Gesellschaft! Es ist für beide Seiten von Nutzen. Verkrieche dich nicht in deinem Kummer! Weihnachten bedeutet Neuanfang. Lass den Kopf nicht hängen, verzehre dich nicht in Selbstmitleid! Es gibt jetzt so viel zu tun. Pack an! Gib die Hoffnung nicht auf, dass dir dein Mann einmal dabei zur Seite stehen wird!

Sie schaut auf den Spruch, der an der nicht zerstörten Wand hängt, einer von Konfuzius: »Alle Dunkelheit der Welt kann das Licht einer einzigen Kerze nicht auslöschen.« Anastasia wischt sich die Tränen aus dem Gesicht, steht auf und sucht das ältere Ehepaar auf.

Doppelte Feier

Konstantin Bach ist ein Glückskind. Er hat am zweiten Weihnachtstag Geburtstag. Viele sehen das nicht so, besonders Kinder. Sie meinen, wenn schon am Heiligabend reichlich Geschenke überreicht wurden, fallen diese an ihrem Geburtstag spärlicher aus. Konstantin will keine Geschenke zu seiner Geburtstagsfeier. Das Kommen seiner Gäste ist ihm Geschenk genug.

Darum folgen seine verheirateten Kinder mit Anhang, aber auch Verwandte und Freunde, seiner Einladung gern. Die schöne Feier im Lokal »Frohsinn« ist ihm die schönste Bescherung. Alle wissen, Konstantin ist ein vermögender Mann. Speisen und Getränke werden stets großzügig und reichlich aufgetischt. Seine Frau backt immer mehrere Torten, die sie ins Gasthaus mitbringen darf. Die Kinder bekommen vom Opa, so dürfen ihn alle nennen, sogar ein kleines Präsent. Nicht die Großen, die dürfen sich dafür sattessen und reichlich ihren Durst löschen. Den ganzen Tag über wird dabei erzählt und viel gelacht. Um den Gastgeber nicht über Gebühr zu schädigen, hält man sich dennoch ein wenig vornehm zurück.

Zu seinem 70. Wiegenfest aber kommt es ganz anders. Konstantin überrascht seine Gäste mit einer ungewöhnlichen Ankündigung.

»Ich werde«, eröffnet er die Feier, »am Schluss des Festes 20 Euro von jedem einsammeln, ein kleiner Unkostenbeitrag. Dies gilt nicht für die Kinder.«

Alle sind überrascht, fragen sich, ob er finanzielle Probleme habe. 20 Euro pro Person sind zwar kein Vermögen, für niemanden, aber dennoch drückt diese Forderung auf die Stimmung, zunächst! Der eine oder andere aber sagt sich, wenn ich schon Essen und Getränke selber bezahlen muss, lasse ich auch meine vornehme Zurückhaltung fallen, bediene mich am Buffet großzügiger als sonst, fülle öfter mein Glas, esse das eine oder andere Stück Kuchen mehr. Die Folge: Nach kurzer Zeit herrscht an allen Tischen eine feuchtfröhliche Stimmung, ausgelassener denn je!

Spät am Abend, als alle schon ihren Obolus in den Händen halten, stellt sich der Jubilar noch einmal vor seine Gäste und teilt ihnen mit: »Wir haben heute ein besonders schönes Fest gefeiert, beschwingter und heiterer als die Jahre zuvor, in denen ihr immer im Hinterkopf hattet, den Gastgeber nicht zu sehr zu schädigen. Das weiß ich. Weil ihr glaubtet, Essen und Trinken geht dieses Jahr zum Teil auf die eigene Kappe, habt ihr es euch gut gehen lassen. Ihr müsst nichts bezahlen. Der Unkostenbeitrag war nicht ernst gemeint; er sollte euch von dem Gedanken der Zurückhaltung befreien. Ich bin froh, dass es geklappt hat. Meine Überlegung ist aufgegangen.«

Er macht eine Pause, schaut in die erstaunten Gesichter und fährt fort: »Wir dürfen nicht vergessen, wir feierten heute zwei Geburtstage. Meinen und den des Sohnes Gottes, der vor mehr als 2000 Jahren auf die Erde gekommen ist mit einer ›Frohen Botschaft‹. Froh soll sie uns machen wie das Fest heute. Geht und steckt andere Menschen mit eurem Frohsinn an, bringt sie nicht zum Lächeln, sondern zum Lachen, versprüht Lebensfreude, seid Boten eines beglückenden Christentums!«

Patron der Arbeiter und der Familie

Ich unterbreche meine Urlaubsreise für ein kurzes Gebet in einer Eupener Pfarrkirche (in Belgien). Ein Gotteshaus wie viele andere. Als ich aber die Seitenkapelle betrete, schaue ich mich verdutzt um. Nicht Heiligenbilder zieren die Wände, sondern an der einen hängt eine Säge, auf der gegenüberliegenden ein Hobel, der Altar ist eine hölzerne Werkbank, an der sich rechts und links Schraubstöcke befinden. Seitlich steht ein schmucker Tabernakel, in der Mitte ein einfaches Kreuz.

Ich setze mich davor. Diese kleine Kapelle erinnert mich an eine Zimmermannswerkstatt, den Lebensraum der Heiligen Familie. Eine Statue zeigt Maria mit dem Kind und Josef, der beschützend hinter ihnen steht. Mir fällt ein, dass Papst Pius XII. 1955 einen Gedenktag einführte – »Josef der Arbeiter«. Er legte ihn auf den 1. Mai, den Tag der Arbeit. Mit ihm beginnt der Marienmonat.

Ich dachte an einen Artikel in meiner Tageszeitung über einen Baggerführer, den ich vor ein paar Tagen gelesen hatte. Ein 49-jähriger Mann sah bei Meschede von seinem Arbeitsgerät aus, wie ein dreijähriger Junge in den Fluss Henne fiel und von der Strömung weggerissen wurde. Die Eltern, die in der Sonne dösend lagen, hatten nichts davon bemerkt, die fernen Schreie nicht gehört. Der Kurzentschlossene verließ seinen Arbeitsplatz und stürzte sich mit einem beherzten Sprung ins Wasser. Weil er ein sehr guter Schwimmer war, gelang es ihm, das Kind zu retten. Erst als er in seiner triefenden Arbeitskleidung mit dem Kind im Arm vor den Eltern stand, begriffen sie sofort, was geschehen war. Die Frau drückte den mutigen Retter immer und immer wieder an ihr Herz. Der Vater schüttelte ihm dankbar die Hände und sagte zu ihm: »Sie waren nicht nur für meinen Sohn ein guter Schutzengel, nein, für unsere ganze Familie. Jonas ist unser Ein-und-Alles. Der liebe Gott hat uns bisher kein weiteres Kind geschenkt. Wir wären vor Trauer und Leid auch gestorben.«

Ich denke: Man müsste den Ziehvater Jesu auch »Josef, Beschützer der Familien« nennen. Parallelen zwischen diesen beiden Männern drängen sich mir auf.

Der Retter, ausländischer Herkunft, war wie Josef ein Fremder in einem Land. Der Leiharbeiter sorgte unter schlechten Arbeitsbedingungen für seine Familie wie auch Josef. Beiden, dem Zimmermann wie dem Baggerführer, hat man mit Niedriglöhnen das Leben schwer gemacht. Und doch haben sie aufopferungsvoll für die Ihren gesorgt, sie beschützt in einer oft feindlichen Umwelt, vor Mitmenschen, die nicht immer freundlich mit ihnen umgingen.

Ich gehe zu der Statue der Heiligen Familie.

Den tapferen Leiharbeiter traf zudem für seine gute Tat ein nicht zu erwartender Schicksalsschlag.

Er hatte sich bei dem Sprung den kleinen Zeh gebrochen und wurde deshalb vom Arzt krankgeschrieben. Wie die Westdeutsche Allgemeine Zeitung berichtete, wurde dem Mann von seinem Arbeitgeber gekündigt. Der Geschäftsführer erklärte dazu: »Wir brauchen zuverlässige Arbeitnehmer.«

Der Kommentar des 46-Jährigen: »Ich würde immer wieder so handeln. Ich weiß, der heilige Josef, der ›Patron der Arbeiter‹, wird mir zu einem anderen Job verhelfen.« Könnte die Botschaft der Weihnacht besser gelebt werden?

5 · DIE KUNST DES SCHENKENS

Mitgefühl als Weihnachtsgeschenk

Das Ehepaar Rosenberg will sich mit einer Pilgerfahrt nach Rom einen im Herzen langgehegten Wunsch erfüllen. Beide sind schon sehr betagt; darum soll es ihre letzte große Reise werden, auf die sie jahrelang gespart haben. Sie finden Unterkunft in einem Kloster in der Nähe der Engelsburg, nicht weit entfernt vom Petersdom. Auf dem Platz vor der mächtigen Kathedrale wollen sie mit vielen anderen Gläubigen das Weihnachtshochamt feiern und anschließend vom Papst den Segen »Urbi et orbi« empfangen, den Segen für die Stadt und den Erdkreis.

Die Rosenbergs haben sich schon früh zum Petersplatz begeben, um möglichst nahe an der Loggia über den Portalen zu stehen, von wo der Heilige Vater den Pilgern den apostolischen Segen erteilt. Es ist ein kühler, aber sonniger Morgen, als sie aufbrechen. Nur wenige dunkle Wolken zeigen sich weit entfernt am Horizont.

Wie viele Gläubige verharren sie auf dem großen Platz lange im stillen Gebet. Frau Rosenberg lässt die Perlen des Rosenkranzes durch ihre Finger gleiten.

Dann endlich ist es so weit, der große Augenblick ist gekommen. Die Tür öffnet sich und Papst Benedikt XVI. tritt auf den Balkon. Jubel bricht aus unter den Versammelten. Als das Oberhaupt der katholischen Kirche die Hand zum Segen erhebt und die Worte spricht: »Der Segen des allmächtigen Gottes, des Vaters und des Sohnes und des Heiligen Geistes, komme auf euch herab und bleibe bei euch allezeit«, da öffnet der Himmel alle Schleusen und ein Platzregen ergießt sich über die Gläubigen. Herr und Frau Rosenberg ziehen eilig die Kapuzen ihrer dicken Winterjacken über ihre Köpfe, doch die bieten ihnen nur einen geringen Schutz, denn dicke Tropfen peitschen weiterhin in ihr Gesicht.

Der Regen lässt nicht nach, aber plötzlich bleiben sie wie durch ein Wunder von der Nässe verschont. Sie werden beschützt. Zwei junge Damen haben sich dicht neben sie gestellt. Jede hält einen Regenschirm über Herrn wie Frau Rosenberg. Sie sagen nur ein Wort »prego«. Das Ehepaar erwidert »mille grazie«. Aber diese Geste der Hilfsbereitschaft, des Mitgefühls sagt mehr als tausend Worte.

Als sich die Menschenmenge langsam auflöst, hat es noch immer nicht aufgehört zu regnen. Mit größter Selbstverständlichkeit überlässt eine der jungen Frauen Herrn Rosenberg den Schirm und hakt sich bei ihrer Freundin unter. Beide verschwinden mit einem freundlichen »ciao« im Strom der abziehenden Pilger.

Gelebte Güte

In einem Seniorenheim ist es guter Brauch, dass der eine oder andere der Gäste aus seinem Leben ein Erlebnis zum Besten gibt, das ihn fundamental verändert, sein Leben auf den Kopf gestellt hat.

Ein Diakon erzählt zum Erstaunen aller: »Ich war in jungen Jahren ein Kleinkrimineller. Ich lebte von Einbrüchen, Taschendiebstählen und Gaunereien.« Alle schauen ihn verwundert an, keiner hat dem gottesfürchtigen Mann eine solche Vergangenheit zugetraut. Jeder hat ihn als liebenswerten, hilfsbereiten Mitbewohner erlebt. Dieser fährt fort: »An einem Heiligen Abend brach ich im Pfarrhaus unseres Städtchens ein, wohl wissend, dass hier nicht viel zu holen war. Aber die Not trieb mich dazu, denn ich hatte lange keine Einnahmen gemacht.« Bei diesem Wort lacht er leise.

»Ich durchsuchte das Arbeitszimmer des Priesters gründlich, richtete dabei ein heilloses Durcheinander an. Als ich ein kleines Kreuz in den Händen hielt, das mir wertvoll zu sein schien, überraschte mich der Geistliche. Ich war gerade im Begriff, mir mit Gewalt den Weg ins Freie zu bahnen, da sagte er mit sanfter Stimme zu mir: ›Bleibe, Bruder! Ich sehe, du hast dir das Wertvollste, was du in meinem Haus finden konntest, ausgesucht, eine Rarität, ein seltenes antikes Stück.‹ Er sagte mit dem Blick auf das Tohuwabohu, das ich angerichtet hatte: ›Du handelst nach den Worten des Apostels Paulus, der in einem Brief an die Thessalonicher den Gläubigen riet: Prüft alles, behaltet das Gute! Du hast dir eine echte Antiquität ausgesucht. Ich schenke sie dir, denn es ist Heiligabend und an diesem Tag überreicht man einander Präsente.‹

Als ich beschämt sein Haus verlassen wollte, erinnerte er mich wie Eltern an das Wort, welches Kinder sagen sollen, wenn sie etwas geschenkt bekommen. Ich flüsterte tief beschämt: Danke!«

Der Diakon lächelt in die erstaunten Gesichter seiner Zuhörer und berichtet weiter: »Wie gesagt, ich war knapp bei Kasse, hatte mir zu den Weihnachtstagen nicht einmal ein gutes Essen leisten können. Darum ging ich nach den Feiertagen ins Pfandleihhaus, um das Kreuz zu versetzen. Der Händler wusste sofort um den Wert; vielleicht wusste er auch, wem es gehörte. Jedenfalls bat er mich, einen Moment zu warten, um die Echtheit des besonderen Stückes zu prüfen. In Wirklichkeit alarmierte er die Polizei. Er ließ sich Zeit, damit die Ordnungshüter anrücken konnten. Diese legten mir nach ihrem Eintreffen ohne Umschweife Handschellen an und führten mich ab, denn schließlich war ich ihnen kein Unbekannter. Meine Beteuerungen, ich sei unschuldig, quittierten sie mit einem Lächeln und der Bemerkung: ›Das behauptet jeder.‹ Auf meinen Einwurf, es sei ein Geschenk, antworteten sie mit einem lauten Lachen.

Irgendwie muss der Pfarrer von meiner Verhaftung erfahren haben, jedenfalls erschien er umgehend auf der Wache. Er bestätigte, dass er mir das Kruzifix geschenkt habe und ich mich ordnungsgemäß dafür bedankt hatte. Von dem Einbruch sagte er nichts. Diese gelebte Güte veränderte mein Leben.«

Der Diakon tritt jetzt vor die Versammelten, so, als verkünde er das Wort Gottes, und sagt: »In der Bibel steht geschrieben: ›Doch sie sündigten trotz allem weiter‹ und ›Geh hin und tu desgleichen!‹ Aber nicht hintereinander. Das eine ist eine Psalmenstelle (78,32) und das andere stammt aus dem Lukas-Evangelium (10,37). So hat auch der Pfarrer ›Behalte das Gute‹ aus dem Sinnzusammenhang gerissen. Gemeint war nicht, bei der Auswahl von Diebesgut clever zu sein. Behalte das Gute im Herzen, ist das Gebot der Krippe, handele danach! Das tat der Geistliche, ich seitdem auch. Für uns alle ist das ein weihnachtlicher Auftrag, eine nicht immer leichte Aufgabe.«

Eine originelle Idee

Eine ungewöhnliche Weihnachtsgeschichte. Sie erzählt von drei kleinen Mädchen. Klein, nein, das sind Jana, Darvin und Charlotte nicht mehr, eher schon junge Damen. Sie steckten in der Adventszeit ihre Köpfe zusammen und überlegten: Wem könnten wir einmal eine weihnachtliche Freude machen? Jana hatte nach einigem Hin und Her eine glänzende Idee, die die beiden anderen begeisterte. Jana war von klein auf tierlieb, pflegte einen Hamster, ließ ihren Kanarienvogel jeden Abend in ihrem Zimmer fliegen, redete und schmuste mit ihm.

Darum schlug sie vor: »Wir suchen weggeworfene Pfanddosen und -flaschen und bringen den Erlös vom Verkauf als Spende ins Tierheim.« Diesen zumeist ausgesetzten Wesen sollte es am Heiligen Abend auch gutgehen, sie sollten von dem eingenommenen Geld ein besonderes Leckerli bekommen. Die drei Freundinnen machten sich schon am nächsten Tag ans Werk, sammelten in Parks, neben den Bahnhofseingängen, auch in den Müllkörben vor dem Stadttheater. Ihr Engagement zahlte sich aus. Am Heiligen Abend gingen die drei ins Tierheim von Lette mit der für sie enormen Summe von 50 Euro in den Händen. Ihr Engagement nutzte nicht nur der Umwelt, es half auch ausgestoßenen, verlassenen, oft misshandelten Tieren. Die Mädchen hatten diesen besonderen Abend des Jahres nicht nur sich, sondern auch den Tieren versüßt.

Die Leitung, die sich riesig über die unerwartete Gabe freute, revanchierte sich sofort und bot den engagierten Helferinnen eine Privatführung durch das Tierheim an. Das war für die Tierliebhaberinnen das schönste Weihnachtsgeschenk der letzten Jahre.

Eine gute Geschenkidee

Andreas Bosch feiert am zweiten Weihnachtstag im »Waldschlösschen« seinen 40. Hochzeitstag. Viele seiner Weggefährten sind gekommen. Während des Festmahls fragt ihn einer seiner Gäste: »Was ist das Geheimnis für ein solch langes harmonisches Zusammenleben?« Andreas antwortet ihm: »Die ersten Jahre unserer Ehe waren gar nicht ruhig, eher stürmisch. Es gab viele Reibungspunkte. Wir mussten uns oft zusammenraufen. Meine Hertha hat es mir nicht immer leicht gemacht, ich ihr aber auch nicht. Zwei Schlüsselerlebnisse in meinem Leben veränderten alles.«

Nach dem Mahl erhebt er sich und greift die an ihn gestellte Frage noch einmal auf. Er sagt: »Liebe Freunde, Ingo will wissen, was das Geheimnis ist, dass ich mit meiner Frau so viele Jahre friedlich zusammenleben konnte. Ich will diese Frage jetzt hier vor allen Gästen beantworten. Ich möchte aber zunächst allen noch einmal zuprosten und euch danken, dass ihr gekommen seid.«

Er erhebt das Glas, setzt sich dann und meint, im Sitzen erzähle es sich besser: »Zu Beginn unserer Ehe ging es oft sehr turbulent zu. Jeder von uns beiden fühlte sich, wie alle, die sich streiten, im Recht, ein Wort ergab das andere und am Ende hing der Haussegen schief.«

Er macht eine Pause; die meisten nicken, haben sie doch Derartiges auch schon erlebt. Er schaut seine Frau respektvoll an und fährt fort: »Mein Umdenken begann mit einem Erlebnis im Supermarkt. Wie immer in der vorweihnachtlichen Zeit drängelten sich vor den Kassen lange Menschenschlangen. Ich hatte keinen Einkaufswagen genommen, nur einen Korb, denn ich brauchte als weiteres Hochzeitsgeschenk noch ein paar edle Süßigkeiten. Wie ihr wisst, ist meine Hertha eine kleine Naschkatze.« Er warf ihr liebevolle Blicke zu. »Meinen Korb vor mir hertragend, bin ich in der Warteschlange einer älteren Dame ein wenig zu nahe gekommen. Ich habe wohl leicht ihren Rücken berührt. Das Wort ›gestoßen‹ wäre zu viel gesagt. Ohne sich umzudrehen, schnauzte die Frau los, noch bevor ich mich entschuldigen konnte: ›Kannst du nicht aufpassen, du alter Trottel!‹ Ich stand ziemlich bedröppelt da; ich weiß nicht, was sie noch alles gesagt hat. Es waren keine freundlichen Worte, bis sie sich während ihrer Schimpftirade umschaute und mich ansah. Von Angesicht zu Angesicht standen wir uns jetzt gegenüber und sie stotterte: ›Entschuldigung, ich dachte, das wäre mein Mann gewesen.‹ Ich ging nachdenklich nach Hause, fragte mich: Warum lassen wir uns gegenüber dem eigenen Partner oft so gehen?«

Die Gäste folgen seiner Geschichte mit einem leichten Schmunzeln, aber auch mit nachdenklicher Miene.

Nachdem er allen noch einmal zugeprostet hat, erzählt er weiter: »Ich hatte noch ein zweites Schlüsselerlebnis. Meine Frau und ich besuchten ein Jahr später den Wallfahrtsort Fatima, wo der Überlieferung nach die Mutter Gottes Hirtenkindern erschienen sein soll. Dort gibt es eine Quelle, aus der angeblich heilendes Wasser sprudelt. Das Besondere ist: Es bleibt frisch, auch wenn Jahre vergehen. Hier hörte ich von einem weisen Mann, man soll immer einen Schluck von dem heilenden Wasser in den Mund nehmen, bevor man im Zorn antwortet. Ich handelte fortan so – und befolgte damit, was im Psalm 39 steht: ›Ich will schweigen und meinen Mund nicht auftun.‹«

Einer seiner Gäste ruft dazwischen: »Amos 5 wäre noch passender gewesen: ›Darum muss der Kluge zur selben Zeit schweigen, denn es ist eine böse Zeit.‹«

»Sehr gut! Danke!«, erwidert der Jubilar. »Ich sage euch, es wirkte Wunder! Wenn meine liebe Hertha mit mir schimpfte, nicht ganz so liebe Worte in den Mund nahm, hatte ich in meinem Mund Wasser, heiliges Wasser. Weil ich nichts sagte, keine Widerworte gab, verebbte der Redeschwall schnell, von Mal zu Mal schneller, dann für immer. Seit unserer Fahrt nach Fatima wiederhole ich dieses Versprechen jedes Jahr feierlich an der Weihnachtskrippe, also an jedem Hochzeitstag.«

Jetzt erhebt sich der Jubilar, schaut alle ein wenig verschmitzt an und versichert: »Ich glaube, vom

Christkind gehört zu haben, mit Leitungswasser funktioniert das auch. Und auch das ist garantiert immer frisch.« Dann sieht er sich noch einmal mit einem leichten Schmunzeln um und meint: »Ich hoffe, mit diesem Rat euch allen ein besonderes Weihnachtsgeschenk gemacht zu haben.« Seine Gäste bedanken sich mit Applaus.

Ein Euro Freude

Ich arbeite als Aushilfskraft auf einem Weihnachtsmarkt. In der Hektik dieser Tage hat man keine Zeit für Gefühlsduseleien. Und doch hatte ich feuchte Augen, sind mir sogar ein paar Tränen über die Wangen gelaufen, als ich die Bezahlung für einen Erbseneintopf kassierte.

Ich mache die Arbeit gern, denn sie ist leicht. Wir bieten außer kalten Getränken nur Tee mit und ohne Rum an, Glühwein mit und ohne Schuss und Erbsensuppe mit und ohne Einlage. Das Geschäft läuft gut, denn unsere Preise sind moderat, gegenüber der Konkurrenz sind wir äußerst preiswert. Ein großer Teller Erbsensuppe kostet vier Euro, mit Einlage fünf.

Hektik und Stress sind angesagt, denn die Preise sind nur zu halten, wenn wir viel Umsatz machen, meint der Chef, und ich, seine einzige Angestellte, sehe das genauso. Nur in den Stoßzeiten habe ich noch eine Kollegin an meiner Seite. Zeit für viele freundliche Worte bleibt da nicht, schon gar nicht für ein kurzes Gespräch.

Eine ältere Frau in einem abgetragenen Wintermantel steht vor mir und fragt: »Was kostet die Erbsensuppe?« Ich denke, unsere Preise stehen groß auf der Tafel über uns, für jeden sichtbar, selbst für die, die sich hier mit einem Blindenhund anstellen, und antworte ihr nicht gerade sehr höflich: »Vier Euro und mit einem Würstchen fünf.«

Die Seniorin holt umständlich ihr Portemonnaie aus der Handtasche und beginnt ihr Geld zu zählen. Mir verschlägt es die Sprache; ich bediene schon einmal den nächsten Kunden, denke, das Weihnachtsfest wollte ich eigentlich zu Hause bei meiner Familie verbringen. Nachdem sie ihre Geldbörse wieder eingesteckt hat, gibt sie ihre Bestellung auf: »Ich nehme einen Teller Erbsensuppe ohne Würstchen.« Als ich ihr nach kurzer Zeit die heiße Suppe auf die Theke stelle, holt sie ihre Geldbörse wieder aus ihrer Handtasche und beginnt die Geldstücke herauszunehmen. Ich schiebe ihren Teller beiseite, sage nur kurz: »Legen Sie bitte das Geld auf die Theke!« und gehe weiter meiner Arbeit nach. Aus dem Augenwinkel bekomme ich mit, wie sie die Münzen fein säuberlich nebeneinander dort platziert und sich dann mit ihrer Suppe zu einem freien Stehtisch begibt. Dort verzehrt sie in aller Ruhe ihr Süppchen. Als ich das Geld einstecken will, sehe ich, dass sie fünf Euro gegeben hat. Sie bestellte und bekam aber nur eine Suppe ohne alles. Ich rufe ihr zu: »Madame, Sie haben einen Euro zu viel bezahlt.« Sie winkt mir freundlich zu und antwortet: »Das stimmt so! Ihr Trinkgeld! Frohe Weihnachten!« und genießt weiter ihre Erbsensuppe.

Ein Trinkgeld bekomme ich nie, das gibt man nur den Kellnern, die den Gast am Tisch bedienen, das Essen bringen, die leeren Teller abräumen. Hier holt sich jeder seine Getränke oder seine Suppe selbst ab und bringt den leeren Teller, die leeren Gläser zurück. Ihr Lächeln verrät mir, sie weiß das. Ich bekomme feuchte Augen und denke, wie viel Herzlichkeit hat diese Frau bewiesen, wie selbstlos gehandelt.

Ich beobachte seither bei mir eine Veränderung, denn ich reiche den Kunden nicht nur die Suppenterrine, sondern schenke jedem dazu ein freundliches Wort wie: »Lassen Sie es sich schmecken!«, »Wohl bekomm's!« oder »Guten Appetit!«. Älteren Menschen, die nicht so schnell ihr Geld zur Hand haben, rate ich: »Lassen Sie sich Zeit! Die Suppe ist sehr heiß!«

Großvaters schönstes Weihnachtsgeschenk

»Opa, ich habe Sorgen, große Sorgen«, sagt Leni zu ihrem Großvater und fällt ihm mit feuchten Augen um den Hals.

»Setz dich! Ich hole dir eine Tasse Kaffee, ohne Milch, aber mit zwei Stücken Zucker.« Dann bietet er ihr an: »Ich bringe dir auch noch ein paar selbstgebackene Plätzchen. Du weißt doch, seit Omas Tod übernehme ich die Weihnachtsbäckerei für euch alle.«

Sie lächelt gequält, als sie Platz nimmt.

»Was bedrückt dich?«

»Ich gehe nicht mehr gern zur Arbeit.«

»Aber Tierpflegerin war doch seit jeher dein Traumberuf.«

»Ist er immer noch. Aber ich bin nicht mehr gern in unserem Zoo.«

»Und warum?«

»Wir haben einen neuen Chef bekommen, der macht uns das Leben zur Hölle, ist mit allen Arbeiten unzufrieden. Er hat sogar dieses Jahr die Weihnachtsfeier abgesagt, ersatzlos gestrichen.«

»Wieso?«

»Du kennst doch die Geschichte von dem Vater, seinem Sohn und der gefundenen Schildkröte.«

»Ich erinnere mich nicht mehr. Erzähl sie kurz!«, bittet ihr Großvater sie.

»Das war so: Ein Junge fand auf dem Feld eine Schildkröte. Als er sie aufhob, zog sie ihren Kopf zurück. So sehr er auch auf ihren Panzer klopfte, was immer er anstellte, sie war nicht zu bewegen, den Kopf auch nur einen Millimeter herauszustrecken. Zu Hause gab er sie seinem Vater. Der setzte das verängstigte Tier auf die Bank neben dem Kachelofen und legte ein Blatt Salat vor es hin. Es dauerte nicht lange und der kleine Kopf schaute heraus und die Schildkröte begann zu fressen.«

Der Großvater sieht seine Enkelin mit großen Augen an und fragt: »Was willst du mir damit sagen?«

»Der Vater hat seinem Sohn gezeigt, Tiere brauchen Wärme und Zuwendung. Sie den Tieren zu geben, ist uns allen, dem gesamten Personal, wichtig. Unserem neuen Direktor nicht! Er sitzt abgeschottet in seinem Büro und denkt nur darüber nach, wie er die Besucherzahlen steigern kann. Aber jetzt in der Winterzeit bleiben die Menschenströme aus. Wetterbedingt! Sein Denken aber kreist um die verkauften Eintrittskarten. Die liegen ihm am Herzen, nicht die Tiere. Er grübelt unentwegt, wodurch der Zoo attraktiver werden kann. Die Geburt eines seltenen Tieres käme ihm sehr gelegen. Sie würde Zuschauer anlocken, die Fernsehleute mobilisieren. Wir Pfleger aber würden uns vornehmlich über das Neugeborene freuen, es herzlich bei uns aufnehmen. Jedes Tier ist für uns wie ein Baby, das wir versorgen, mit dem wir reden, spielen, das wir lieben.«

»Ich verstehe«, sagt Großvater, »eine Weihnachtsfeier kostet Geld und bringt keine Zuschauer. Darum hat er sie abgesagt.«

»Genau!«, stimmt Leni ihm zu. Dann schluchzt sie, schaut ihren Großvater liebevoll an und stellt fest: »Entschuldigung, Opa, ich rede nur von mir und vom möglichen Nachwuchs in unserem Zoo, dabei gibt es jetzt in der Vorweihnachtzeit schönere Themen, als über meinen Kummer zu tratschen.«

»Ja schon«, meint der Großvater, »aber deine Sorgen sind auch wichtig. Die Geschichte von der Schildkröte, die du mir gerade erzählt hast, ist eigentlich eine wunderbare Weihnachtsgeschichte. Sie sagt uns, dass alle Lebewesen Liebe brauchen, um aus sich herauszugehen, um zueinander zu finden, nicht nur die Tiere, auch wir Menschen. Unser Vater im Himmel hat uns seinen Sohn geschickt, damit er uns diese Liebe bringt und wir uns ihrer bewusst werden, damit wir sie wie ein Lauffeuer unter uns verbreiten.«

Die Enkelin unterbricht seine Gedanken und schlägt sich plötzlich mit der Hand vor die Stirn und stottert: »Wie sehr fehlt mir dieses Mitgefühl, wie lieblos von mir, wie egoistisch war ich! Ich habe nur an mich gedacht, vergessen, dass du nach den Feiertagen operiert wirst, zwei Bypässe bekommst. Du hast bestimmt größeren Kummer, mehr Sorgen und Ängste als ich.« Sie schüttelt ihren Kopf: »Ich denke nur an mich, belästige dich mit meinen Problemen und stehle dir damit deine Zeit.«

Der Großvater legt den Arm um seine Enkelin, wie er es immer getan hat, als sie noch ganz klein war, und sagt mit viel Wärme in seiner Stimme: »Leni, ich freue mich immer, wenn du zu mir kommst. Ich genieße jede Stunde, jede Minute, die du bei mir bist.

Auch wenn du deine Sorgen bei mir ablädst, dein Herz ausschüttest, du stiehlst mir nie meine Zeit. Du gibst mir deine. Das ist für mich das schönste Weihnachtsgeschenk in dieser Zeit – eigentlich immer, denn wir wissen nicht, wie viel wir davon noch haben.«

Glückliche Weihnachten

Dies ist eine wahre Geschichte, obwohl sie wie ein Märchen klingt, denn sie ist märchenhaft schön. Sie beginnt am 24. Dezember 1991 in Alabama in den Vereinigten Staaten. Clark Johnson verabschiedet sich am frühen Morgen von seiner Mutter: »Ich fahre nach New Orleans, um mir mein Erbe anzusehen, bin aber am Abend wieder zurück. Dann können wir in aller Ruhe unser Festessen genießen.«

Die Fahrt von Mobile nach New Orleans dauert nicht lange. Zu dieser Zeit ist es hier noch sehr warm. Dennoch lässt Clark bei einer Außentemperatur um die 20 Grad nie die Klimaanlage laufen. Nach seiner Ankunft betritt er zunächst die Bar des Hotels, das er von seinem Onkel Jim, dem Bruder seines auch schon verstorbenen Vaters, geerbt hat, um ein Erfrischungsgetränk zu sich zu nehmen. Er möchte sich inkognito alles ansehen, bevor er nach dem Festtag sein Amt antritt.

Als es ans Bezahlen geht, stellt er fest, dass er sein Portemonnaie im Handschuhfach seines Wagens vergessen hat. Er entschuldigt sich: »Ich bin gleich wieder zurück, will nur schnell mein Geld aus dem Auto holen.«

Der Barkeeper sieht ihn skeptisch an und fordert ihn auf: »Bleiben Sie bitte hier! Das haben schon viele gesagt und sind dann auf Nimmerwiedersehen verschwunden.« Er greift zum Hörer und informiert die Hotelmanagerin. Diese kommt sogleich, schüttelt verständnislos den Kopf und schlägt vor: »Ich will vor dem Fest keinen Ärger haben. Gehen Sie hinaus! Der Drink geht aufs Haus.«

Clark bedankt sich und verlässt mit einem Schmunzeln den Raum. »Resolut ist sie und dichten kann sie auch«, denkt er. Gegen Mittag hat er gesehen, was er sehen will. Er findet alles zu seiner Zufriedenheit vor. Die Flure sind sauber, die Zimmer hübsch eingerichtet und das gesamte Ambiente inklusive Außenanlage macht einen guten Eindruck. Er setzt sich in den Rosengarten, gönnt sich erfrischende Longdrinks.

Und dann das! Er greift in seine Jackentasche und fühlt, seine Geldbörse fehlt. Er ist sich sicher, dass er sie nach dem peinlichen Vorfall von heute Morgen an sich genommen hat. Guter Rat ist teuer. Er muss mit dem Ober nach einer Lösung suchen. Dieser lässt sich auf keine lange Diskussion ein, ruft erneut nach der Hotelmanagerin. Ihre Begegnung ist unerfreulich, für beide Seiten. »Schon wieder Sie!«, schnauft sie und verzieht ihr Gesicht. »Entschuldigung«, stottert mit verdatterter Miene der Mann, »entweder habe ich mein Portemonnaie verloren oder ein Taschendieb hat es mir gestohlen.«

»Etwas Dümmeres fällt Ihnen wohl nicht ein«, erbost sich die Chefin. »Und übrigens: Diebe gibt es in unserem Hotel nicht, nur Zechpreller.«

Liz Miller, so heißt die Dame, schluckt mit saurem Gesichtsausdruck eine weitere Kröte und sagt mit ironischem Unterton: »Ich werde Ihre Rechnung begleichen, mein Weihnachtsgeschenk an einen ›netten‹ Gast. Sie wissen ja, vor dem Weihnachtsfest kein Ärger, alles Friede, Freude, Eierkuchen. Aber lassen Sie sich hier nie wieder blicken!«

Mit einem Schmunzeln wendet sich Clark ab und murmelt vor sich hin: »Das wird sich wohl kaum vermeiden lassen.«

Als die noch immer Aufgebrachte zur Rezeption kommt, informiert eine Angestellte sie darüber, dass ein Gast eine Geldbörse gefunden und abgegeben hat. Auf dem Ausweis ist das Foto des Hinausgeworfenen zu sehen. Jetzt nimmt die Chefin ihre Beine in die Hand, wie man so sagt, und rennt dem Fremden hinterher. Sie erreicht ihn noch, bevor er in sein Auto steigt.

Nach einem Schwall von Entschuldigungen ihrerseits bittet Clark Johnson seinerseits Liz Miller: »Sie haben meine Getränke bezahlt; erlauben Sie mir, dass ich diese Freundlichkeit mit einem Essen im Restaurant dieses Hotels erwidere.« Als sie zögert, fügt er hinzu: »Dies ist mein Weihnachtsgeschenk, und wie Sie wissen, darf man Geschenke nicht ablehnen, schon gar nicht eine versöhnliche Weihnachtsgabe. Das wäre unhöflich. Eine Eigenschaft, die sich nicht schickt für eine Führungsperson. Zudem ist Weihnachten das Fest des Sich-Vertragens und des Friedens. Der Anfang dazu wird nicht in der großen weiten Welt gemacht, sondern beginnt zwischen zwei Menschen, jetzt und hier.«

»Ach nee«, lacht Liz, »der reuige Sünder wird auch noch zum frommen Prediger.« Clark registriert ein Lächeln um ihre Mundwinkel, die ersten freundlichen Züge in ihrem Gesicht seit ihrer ersten Begegnung. Mehr noch, sie lenkt ein: »Na, gut! Gehen Sie vor! Ich muss noch ein paar Sachen zusammenpacken, mein Büro abschließen, dann komme ich nach.«

Das Essen war gut, zu erzählen gab es viel, und zum Abschied wünscht Clark der mehr als Zufriedenen: »Glückliche Weihnachten!«

»Glückliche Weihnachten, das habe ich noch nie gehört.«

»Vielleicht wird es eine glückliche Zeit, wenn wir uns wiedersehen«, meint Clark und winkt zum Abschied. Sie schüttelt lachend ihren Kopf und denkt: »Menschen gibt's. Selbst Erwachsene und nicht nur Kinder glauben immer noch an Wunder, die in der Weihnachtszeit geschehen.«

Ein kleines Problem hat der Gute. Er fragt sich auf dem Heimweg, wie er seiner Mutter erklären soll, dass er keinen Hunger mehr auf ihren köstlichen Truthahn hat.

Ein anderes Problem hingegen hat sich gelöst, und zwar so: Wenn das Ehepaar Johnson mit seinen drei Kindern vor dem Christbaum steht, dann wünscht es sich noch immer: »Glückliche Weihnachten!«

6 · INFORMATIONEN ZUM ADVENT

Die Adventszeit

Advent stammt von dem lateinischen Wort »adventus« ab, das übersetzt »Ankunft« heißt. Er bezeichnet in den christlichen Kirchen die vier Wochen vor Weihnachten. Die Gläubigen bereiten sich auf die Ankunft des Herrn, die Geburt Jesu Christi vor.

Er ist eine Zeit der Besinnung und des Innehaltens. Für viele Gläubige geschieht dies durch Fasten und Enthaltsamkeit. Sie beginnt vier Sonntage vor Weihnachten; das wurde erst im 6. Jahrhundert von Papst Gregor dem Großen festgesetzt.

Die vier Sonntage stehen symbolisch für die 4000 Jahre, die die Menschen gemäß der damaligen Auffassung nach dem Sündenfall Adams und Evas auf den Erlöser warten mussten. Die Adventszeit hat einen doppelten Charakter: Einerseits ist sie Vorbereitung auf das jährlich wiederkehrende Weihnachtsfest mit dem Gedenken an die Geburt des Gottessohnes, des Kommens des Erlösers zu den Menschen. Andererseits lenkt die Adventszeit zugleich die Herzen hin zur Erwartung der zweiten Ankunft Christi am Ende der Zeiten. Unter beiden

Gesichtspunkten ist der Advent eine Zeit der freudigen Erwartung.

Der Adventskranz

Schon in der Antike galt der Kranz als Siegeszeichen. So ist der mit vier Kerzen geschmückte Adventskranz ein Symbol für den keineswegs aussichtslosen Kampf des Menschen gegen das Dunkel des Lebens, das Böse und die Finsternis.

1839 ließ der evangelische Theologe und Erzieher Johann Hinrich Wichern (1808–1881) in Hamburg im »Rauhen Haus« erstmals einen hölzernen Leuchter mit 23 Kerzen aufhängen. 19 kleine rote für die Werktage bis Heiligabend, vier dicke weiße für die Sonntage. Er wollte den Straßenkindern die Zeit des Wartens auf das Weihnachtsfest verkürzen und sie zugleich das Zählen lehren.

Das hölzerne Rad wurde einige Jahre später (vermutlich um 1860) mit Tannengrün umbunden. Daraus hat sich der heutige Adventskranz entwickelt. Der Kreis symbolisiert die mit der Auferstehung gegebene Ewigkeit des Lebens, das Grün die Farbe der Hoffnung, und die Kerzen stehen für das kommende Licht, das zu Weihnachten die Welt erleuchtet.

Die Kerzen wurden im Laufe der Adventszeit damals täglich nacheinander angezündet, aber heute nur noch vier an den Sonntagen. Die Anzahl der

Adventssonntage hatte Papst Gregor der Große (Pontifex von 590 bis 604) festgesetzt.

Heute finden wir den Adventskranz nicht nur in privaten Wohnungen, sondern auch in öffentlichen Gebäuden, vor allem in den christlichen Kirchen, sogar auf großen Plätzen der Städte. Der weltweit größte dürfte der über dem Brunnen des Mariazeller Hauptplatzes sein. Er hat einen Durchmesser von zwölf Metern, wiegt sechs Tonnen und ist mit 24 Lichtern bestückt.

Der Adventskalender

In der Zeit des Advents gehört seit dem 19. Jahrhundert der Adventskalender zum christlichen Brauchtum. Er zeigt die verbleibenden Tage bis Weihnachten an.

Ursprünglich war er eine Zählhilfe und ein Zeitmesser. Darum war er auch zunächst für Kinder gedacht, um ihnen die Wartezeit bis Weihnachten »zu verkürzen«, sie aber gleichzeitig mit Zahlen vertraut zu machen. Der Überlieferung nach verdanken wir den ersten, der schon ein bisschen dem heutigen ähnelte, einem gewissen Gerhard Lang aus München. Der Sohn plagte seine Mutter jeden Tag mit der Frage: »Wann ist endlich Weihnachten?« Da hatte sie eine Idee. Sie malte ihrem Filius 24 Kreidestriche an die Wand, von denen er täglich einen wegwischen durfte.

1903 brachte der Vater Gerhard Lang einen gedruckten Kalender mit dem Titel »Im Land des Christkindes« heraus. Er bestand aus zwei gleich großen Pappen, deren eine mit Sinnsprüchen und die andere mit bunten Bildern bedruckt war. Jeden Tag durften die Kinder ein Bild ausschneiden und nach dem Lesen auf den Spruch kleben.

Die Adventszeit dauert je nach Beginn 22 bis 28 Tage. Der erste Dezember war eher ein willkürlich gewähltes Datum. Darum brachte der Verleger Lang in den nächsten Jahren einen Nikolauskalender heraus, der am 6. Dezember begann.

Der heutige geht vermutlich auf einen evangelischen Pfarrer – sein Name ist unbekannt – zurück. Die Überlieferungen diesbezüglich sind ungenau. Er wandelte Langs Idee ab und versteckte hinter Türchen Bilder aus biblischen Geschichten. Es durften aber auch Süßigkeiten sein.

Nach 1945 setzte sich endgültig der Kalender mit 24 Türen durch, der demzufolge am 1. Dezember beginnt. Hinter den Türen der gekauften Produkte befinden sich heute in der Regel Süßigkeiten, oft Schokolade, aber auch kleine andere Dinge. In vielen Familien wird der Kalender selbst gebastelt und mit Geschenken gefüllt.

Heute werden in vielen Städten auch die Fassaden von öffentlichen Gebäuden, zumeist die des Rathauses, zu großen Adventskalendern umfunktioniert. Ein sehr berühmtes Beispiel ist das Wiener Rathaus.

Die Festtage

11. November: Martinstag

Martin wurde im Jahr 314 oder 316 in Ungarn geboren. Auf Wunsch seines Vaters, eines Militärtribuns, trat er in die römische Armee ein. Aufgrund seiner Tapferkeit wurde er schon sehr bald Offizier. Sein Name Martinius leitet sich vom Kriegsgott Mars ab. Der Legende nach begegnete er auf dem Heimweg in sein Lager in Armenien einem Bettler. Er hatte Mitleid mit dem Frierenden und gab ihm die Hälfte seines Mantels, nachdem er ihn zuvor mit seinem Schwert zerteilt hatte. Im Traum erschien ihm Jesus mit diesem Kleidungsstück. Noch während seiner Militärzeit ließ er sich taufen. Seine Entlassung wurde ihm erst nach 25 Jahren im Alter von 40 Jahren gewährt. Seit 371 wirkte er als Bischof von Tours (Frankreich).

Der 11. November war gleichzeitig der Beginn der vorweihnachtlichen Fastenzeit, die vom Mittelalter bis in die Neuzeit begangen wurde. Analog zur Fastnacht vor Ostern durfte zuvor noch einmal ausgiebig geschlemmt werden. Der Martinstag war gleichzeitig das Ende des bäuerlichen Wirtschaftsjahres. Pacht und Steuern wurden früher auch in Naturalien beglichen, zum Beispiel mit Gänsen. Die Tiere wurden von den Weiden geholt, aber in den Ställen gab es nicht genug Platz. Daher rührt wahrscheinlich der Brauch, an diesem Tag eine Gans zu verspeisen. Andere Chronisten behaupten, dieser Brauch beruhe auf einer Legende, der zufolge sich Martin vor seiner Wahl zum Bischof in einem Gänsestall versteckt hatte. Wie um den heiligen Nikolaus ranken sich auch um Sankt Martin viele weitere Legenden.

Die Martinsumzüge gehen auf einen alten Brauch zurück. Die Bauern zündeten früher oft die abgeernteten Felder an als Dank an den Schöpfer für die eingefahrene Ernte. In einigen Regionen unseres Landes gibt es darum auch Martinsfeuer. Die Laternen, in denen Kerzen brennen, kleine Feuer, erinnern daran.

4. Dezember: Barbaratag

Die heilige Barbara lebte im 3. Jahrhundert in Nikomedia in Kleinasien, dem heutigen Izmit am Marmarameer. Ihr Vater, ein Heide, war ein eifersüchtiger Mann, und er liebte seine Tochter über alles. Immer wenn er verreiste, sperrte er sie in einen Turm ein, damit kein Mann sich in sie verlieben konnte. Dort war sie sehr einsam und allein. Als sie von den Christen hörte, von ihrer Liebe zueinander erfuhr, war sie begeistert von der neuen Lehre. Dieser Glaube fiel bei ihr wie Regentropfen auf ausgetrockneten Boden – und sie ließ sich heimlich taufen. Als ihr Vater das mitbekam, war er so wütend, dass er sie vor Gericht schleppte. Die Legende sagt, auf dem Weg dorthin verfing sich ein Kirschzweig in ihrem Kleid. Diesen stellte sie im Gefängnis in einen Krug mit Wasser.

Der Richter verurteilte sie zum Tode. Ihr Vater soll sie eigenhändig enthauptet haben. Just an diesem Tag, an einem 4. Dezember, erblühte der Zweig wunderschön. Deshalb feiern wir zu ihrem Gedenken an diesem Datum das Fest der heiligen Barbara.

Eine andere Deutung geht auf einen alten Orakelspruch zurück, der besagt: Wenn man am 4. Dezember vor Sonnenaufgang einen Zweig von einem Obstbaum schneidet, am besten von einem Kirschbaum, und ihn ins Wasser stellt – und wenn dieser dann zu Weihnachten blüht, hat man Glück in allem, in der Ernte, aber auch im Berufsleben und in der Liebe.

6. Dezember: Nikolaustag

Am 6. Dezember gedenken die Menschen des Bischofs Nikolaus, der am 6. Dezember 326 gestorben sein soll. Sein Name bedeutet: Sieg. Er war in der Tat ein Held des Christentums. Während der Christenverfolgung wurde er gefangengenommen und gefoltert. Er hat aber nie seinen Glauben verleugnet.

Gelebt hat er Anfang des 4. Jahrhunderts. Es gibt nur wenige gesicherte historische Daten über ihn. Fest steht, er wurde zwischen 270 und 286 in Patara als Sohn eines reichen Kaufmannes geboren.

Nach übereinstimmenden Überlieferungen wurde er mit 19 Jahren von seinem sehr verehrten Onkel, dem Bischof von Myra, zum Priester geweiht. Später war er Abt des Klosters Sion, etwa 100 Kilometer südwestlich von Antalya in der heutigen Türkei gelegen. Seine Eltern starben an der Pest und er erbte ein ansehnliches Vermögen, das er unter den Armen und Notleidenden verteilte. Nach dem Tod seines Onkels waren sich die Verantwortlichen der Gemeinde Myra uneinig über dessen Nachfolger. Darum vereinbarte man: Wer am nächsten Morgen als Erster die Kirche betritt, wird neuer Bischof. Das war Nikolaus.

Er wurde in Europa zu dem beliebtesten und bekanntesten Heiligen. So nimmt es nicht wunder, dass sich um ihn zahlreiche Legenden ranken.

Schon am Abend des 5. Dezember stellen viele Kinder Teller oder Schuhe vor ihre Schlafzimmertür, auf die der Heilige Süßigkeiten oder kleine Geschenke legen – beziehungsweise in die er sie stecken soll. In manchen Familien kommt am 6. Dezember auch ein verkleideter »Bischof«, der den Kindern ihre Präsente persönlich überreicht.

13. Dezember: Luziafest

Luzia bedeutet »die Lichtvolle«. Sie stammt der Legende nach aus einer vornehmen Familie in Syracus auf Sizilien. Sie bekannte sich, wie viele ihrer Landsleute in dieser Region, zu Jesus, dem Erlöser. Der Überlieferung nach versorgte sie ihre verfolgten Glaubensbrüder, die in Höhlen und sonstigen Verstecken Unterschlupf gesucht hatten, mit Lebensmitteln. Um in der Dunkelheit den Weg zu ihnen zu finden und um beide Hände frei zu haben zum Tragen der Speisen, setzte sie sich einen Lichterkranz auf ihr Haupt. Sie wurde im Jahr 303 selbst ein Opfer der diokletianischen Christenverfolgung. Schon bald nach ihrem Tode verehrte man sie als »Heilige des Lichts«.

In Schweden feiert man diesen Tag mit der Luzienbraut. Im Dezember ist es dort nur wenige Stunden am Tag hell, sodass man das Licht sehr zu schätzen weiß. Ein Mädchen, zumeist die älteste Tochter des Hauses, setzt sich einen Lichterkranz auf den Kopf und bringt der Familie frühmorgens Kaffee und Gebäck. Die brennenden Kerzen sind Vorboten des Weihnachtslichtes. Zur Zeit des gregorianischen Kalenders war der Luziatag zugleich der Mittwintertag.

7 · INFORMATIONEN ZU WEIHNACHTEN

Das Weihnachtsfest

Weihnachten ist ein Fest, das die ganze Menschheit bewegt. Es wird selbst in China gefeiert, obwohl nur zwei Prozent der Bevölkerung Christen sind. Öffentliche Plätze und Einkaufsstraßen, Hotels und Geschäfte sind auch dort mit bunten Lichterketten und künstlichen Tannenbäumen dekoriert und die Verkäufer sind als Weihnachtsmann verkleidet. Man nennt ihn hier Dun Che Lao Ren.

In Anlehnung an die Feiern für den römischen Sonnengott Sol Invictus hat das christianisierte damalige Weltreich diese durch das Fest für das »Licht der Welt«, Jesus Christus, ersetzt. Der Name ist griechisch-hebräischer Herkunft: Jesus ist eine Form des hebräischen Namens Josua bzw. Jehoshua und bedeutet »Jahwe (Gott) errettet«; Christus heißt »der Gesalbte«. Es hat sich eingebürgert, dass man schon am 24. Dezember feiert, an Heiligabend, der »Vigil« von Weihnachten; nach dem jüdischen wie dem römischen Kalender begann der neue Tag nach dem Sonnenuntergang des Vortages, also mit Einbruch der Dunkelheit.

Die heutige Zeit hat es auch mit sich gebracht, dass es sehr kommerzialisiert wurde und ein Fest der Geschenke geworden ist. Dadurch ist das Weihnachtsgeschäft das umsatzstärkste im Wirtschaftsjahr.

Das Wissen um dieses Fest hat sich geändert. Neuere Erkenntnisse liefern Erstaunliches. Der Evangelist Lukas erzählt von Christi Geburt, aber er hat Jesus gar nicht gekannt, ist ihm nie begegnet. Forschungen haben ergeben: Jesus ist nicht in Betlehem geboren, wie der Evangelist schreibt, sondern in Nazaret, seiner Heimatstadt. Lukas verlegte die Geburt nach Betlehem, weil dies die Stadt König Davids war, aus der man den Messias erwartete. Statt in einen Prachtbau verlegte er die Geburtsstätte kurzerhand in einen Stall. So kommt der Erlöser den einfachen Menschen viel näher als in einem pompösen Palast. Hier wird er einer von uns. Es macht den göttlichen Sohn menschlich.

Der Geburtstermin im Winter kann nicht stimmen. Hirten, von denen Lukas berichtet, waren um diese Zeit nicht auf dem Feld. Denn die Schafe waren wegen der Kälte von November bis März im Stall und sind es noch heute. Zudem wäre eine Volkszählung, die der Kaiser angeordnet haben soll – sie wird sonst nirgendwo erwähnt –, wegen der damit verbundenen Reisen den Menschen im Winter nicht zumutbar gewesen.

Wissenschaftler haben errechnet, dass Jesus vermutlich zwischen zwei oder sieben Jahren vor unserer Zeitrechnung auf die Welt gekommen ist. Ein genaues Datum weiß keiner; nur eines ist sicher, und darin sind sich alle Gelehrten einig: Es muss vor unserer Zeitrechnung gewesen sein.

Dennoch: Was der Evangelist der Menschheit schenkte, ist einmalig, bleibt für immer. Unsere Welt wäre arm, bitterarm ohne Weihnachten, ohne die Zeit der Stille, der Besinnung, des Miteinanders. Die Zeiten ändern sich, die Menschen ändern sich, auch ihre Hoffnungen und Wünsche. Nur ein Wunsch ist geblieben. Einer in all den Jahren, einer, den alle Menschen gleichermaßen in ihren Herzen tragen: Friede den Menschen auf Erden! Diese Hoffnung gilt heutzutage mehr denn je, galt immer mehr denn je.

Die Weihnachtskrippe

Der wohl schönste Brauch des christlichen Glaubens ist das Aufstellen einer Weihnachtskrippe. Sie ist heute fester Bestandteil des kirchlichen wie des häuslichen Weihnachtsschmucks. Sie gab es bereits im frühen Christentum. Damals bestand sie aber nur aus dem Kind, Ochs und Esel. Die Mutter Maria kam erst im Mittelalter dazu und der heilige Josef noch später, dann auch die Hirten (nach Lukas) und die Anbetung der Weisen aus dem Morgenland (nach

Matthäus). Ochs und Esel werden vom Evangelisten Lukas nicht erwähnt, wohl aber vom Propheten Jesaja. In Kapitel 1,3 heißt es: »Der Ochse kennt seinen Besitzer und der Esel die Krippe seines Herrn; Israel aber hat keine Erkenntnis, mein Volk hat keine Einsicht.«

Als eigentlicher Vater der Weihnachtskrippe gilt der heilige Franz von Assisi. In der Christnacht des Jahres 1223 hielt er in einer Höhle bei Greccio, 80 Kilometer nördlich von Rom gelegen, einen Gottesdienst mit lebenden Tieren ab, einem Ochsen, einem Esel und mehreren Schafen. Er stellte eine echte Futterkrippe auf mit einem aus Wachs geformten Jesuskind. Einige seiner Ordensbrüder waren die Hirten.

Die 1562 von Jesuiten in Prag aufgebaute Krippe gilt als die erste im heutigen Sinn. Erst Ende des 19. Jahrhunderts waren auch weniger wohlhabende Privatpersonen in der Lage, Krippen in den eigenen vier Wänden aufzustellen, weil jetzt die Figuren aus verhältnismäßig preiswerten Materialien wie Gips, Pappmaché oder Ton gefertigt wurden. Für ärmere Kirchengemeinden galt dasselbe, nur wurden die Figuren entsprechend größer hergestellt. Heute wird alles erdenkliche Material verwendet; es können geschnitzte Figuren aus Holz bis bemalte aus Porzellan sein, oft hoch künstlerisch.

Bis ins späte 19. Jahrhundert wurde die Darstellung der Heiligen Nacht in eine morgenländische

Landschaft eingebettet, in flaches Hügelland mit Sträuchern und Palmen, Häusern mit Kugeln und Bögen, Figuren in orientalischer Tracht oder südlicher Kleidung. Nach und nach verlegten die Krippenbauer die Szenerie in ihre Heimat, in die Tiroler Bergwelt, in die afrikanische Steppe oder an einen peruanischen See. Die Kleidung wurde der regionalen Tracht angepasst. Dies sollte ein Zeichen für alle Gläubigen sein: Gott ist Mensch geworden, überall und für jeden von uns.

Mancherorts beginnt die Aufstellung des Stalles und der Figuren schon zu Beginn der Adventszeit. Das Jesuskind kommt zumeist aber erst am 24. Dezember hinzu und zur Erscheinung des Herrn folgen dann die Heiligen Drei Könige. Die Krippen bleiben in evangelischen Kirchen in der Regel bis zum Sonntag nach dem Dreikönigstag am 6. Januar stehen, in katholischen bis 2. Februar (Mariä Lichtmess) und werden mit dem Ritus der Krippenschließung abgebaut. In manchen Städten standen in früheren Zeiten die Krippen nicht nur da, um bewundert zu werden. Die reicheren Bürger brachten wie die Weisen aus dem Morgenland Opfergaben dorthin, die später unter den Bedürftigen verteilt wurden.

Der Weihnachtsbaum

Wie kaum ein anderes Symbol steht der Weihnachtsbaum für das Fest der Feste. Das immerwährende Grün der Tanne weist auf das ewige Leben hin, das der Erlöser, Jesus Christus, mit seinem Kommen und seiner Auferstehung den Menschen verheißt.

Immergrüne Pflanzen verkörpern Lebenskraft und Fruchtbarkeit. Der Ursprung des Tannenbaums geht auf heidnische Bräuche zurück. Schon die Germanen haben ihre Häuser mit Tannenzweigen geschmückt. Mit dem Grün der Pflanzen wollten sie sich Gesundheit und Lebensmut ins Haus holen. Bereits im Mittelalter wurde zu bestimmten Festlichkeiten auf öffentlichen Plätzen ein Baum, beispielsweise ein Mai- oder Richtbaum, aufgestellt. Der eigentliche Tannenbaum ist urkundlich zum ersten Mal Anfang des 17. Jahrhunderts erwähnt worden. Er verbreitete sich aber erst im 19. Jahrhundert von Deutschland aus in der ganzen Welt.

Früher wurde der Weihnachtsbaum in der Dorfmitte errichtet. Die reichen Bürger schmückten ihn nicht nur mit Gebäck und Plätzchen, sondern auch mit sonstigem Essbarem. Die Armen durften ihn »plündern«, ein Akt der weihnachtlichen Nächstenliebe. In Franken und im Odenwald hängte man sogar Schinken, Gänsekeulen und Würstchen daran. Da hat sich das »Plündern« gelohnt. An dem Baum hingen auch Äpfel. So erinnerte der Weihnachtsbaum an den Baum der Erkenntnis im Paradies: Stand jener Baum für den Beginn des Unheils, symbolisiert der Weihnachtsbaum den Beginn des Heils durch die Geburt des Erlösers. Unsere Christbaumkugeln sind die Nachfahren der Äpfel.

Traditionell wird der Weihnachtsbaum in den Familien erst am Morgen des 24. Dezember aufgestellt. Als Baumschmuck dienen meist Lichterketten, Kerzen, Christbaumkugeln, Lametta, Engel, Strohsterne und kleine Holzfiguren sowie Süßigkeiten. Die Spitze des Baumes wird häufig mit einem Stern oder einem Engel verziert.

Heute werden in Deutschland jährlich weit über 30 Millionen Weihnachtsbäume, zumeist Nordmanntannen, in den privaten Haushalten errichtet. Ihr Anteil beim Verkauf beträgt fast 80 Prozent. Sie sind gleichmäßig, dicht, bauschig und nahezu geruchlos. Die Nadeln sind von einem kräftigen Grün, sehr weich und stechen kaum. Darum können auch Kinder beim Schmücken des Baumes helfen. An den kräftigen Zweigen lassen sich Kugeln oder Sonstiges mit größerem Gewicht gut befestigen. Da sie sehr haltbar sind, werden sie zunehmend schon vor dem Heiligabend geschmückt, um sich länger an ihnen zu erfreuen.

Weihnachtsbräuche aus aller Welt

Weltweit gibt es verschiedene Weihnachtsbräuche. Sie sind so unterschiedlich wie die Länder, ihre Völker und ihre Sitten. In Spanien fiebern die Menschen jedes Jahr der Weihnachtslotterie entgegen. Die »Loteria de Novidad« ist die älteste und größte der Welt. Bei der Ziehung der Glückszahlen am 22. Dezember werden Milliarden Euro verteilt und alle hoffen auf den Hauptgewinn »El Gordo« (»der Dicke«).

In den Vereinigten Staaten glauben die Kinder, dass am 25. Dezember »Santa Claus« mit einem Schlitten durch die Lüfte schwebt und durch den Kamin ins Haus kommt. Dort füllt er die »Christmas Stockings« (Weihnachtsstrümpfe) mit seinen Gaben.

In Mexiko ist in der Weihnachtszeit das Bild auf den Straßen geprägt von turbulenten Umzügen, den »posadas«. Sie stellen die Herbergssuche der Heiligen Familie nach.

In Brasilien ist Weihnachten ein sehr temperamentvolles Fest. Die Heilige Zeit beginnt mit einem Hubschrauberflug des Nikolaus in das Maracana-Stadion, die größte Fußballarena der Welt mit 300.000 Plätzen. Es gehören dazu Ansprachen und Showeinlagen, die in das ganze Land via TV übertragen werden. Da fast 90 Prozent der Bevölkerung katholisch sind, wird es überall gesehen.

Die russisch-orthodoxe Kirche feiert nach dem Julianischen Kalender Weihnachten erst am 6. Januar. Dort bringt Väterchen Frost den Kindern die Gaben. Er wird mit Musik empfangen. Dazu gibt es Kuchen, die mit vielen Herzen verziert sind. Nach dem Verzehr eines Herzens soll ein Traum in Erfüllung gehen.

Auch in Deutschland gibt es überregionale, regionale, konfessionelle und familiäre Bräuche. Bis ins 16. Jahrhundert brachte der Nikolaus die Geschenke. Da die evangelischen Christen die Heiligenverehrung der Katholiken nicht nachvollziehen konnten, ersetzte Martin Luther den Bischof durch »den Heiligen Christ«. Jünger noch als dieser ist der Weihnachtsmann. Jedoch weiß man nicht, auf wen er zurückgeht. Als Erster erwähnte ihn Heinrich Hoffmann von Fallersleben in seinem Kinderlied »Morgen kommt der Weihnachtsmann« (1835). Seitdem hat er das Christkind vielerorts ersetzt.

Der Brauch, Weihnachten im Kreis der Familie zu feiern, geht auf die Zeit der Aufklärung zurück. Im Mittelalter wurde Weihnachten öffentlich auf vielen Straßen, Märkten und Plätzen mit Krippenspielen, Umzügen und geselligem Zusammensein gefeiert. In dieser Ära wurden solche Festlichkeiten in vielen Orten und Ländern Europas verboten. Die Herrscher sahen darin heidnische Zeichen. Die Menschen hielten aber an ihrem Brauch fest, verlagerten die Feiern in die Wohnungen und Häuser. So wurde Weihnachten zu einem Familienfest und ist es bis in die Gegenwart geblieben und wird in vertrauter Geselligkeit, zumeist auch mit mehreren Angehörigen, begangen. Früher wie heute stehen die Kinder im Mittelpunkt.

Zum Fest gehört ein aufwendiges, köstliches Mahl; beliebt sind Gänsebraten, Ente oder Karpfen. Ein Highlight ist nach wie vor der Kartoffelsalat mit Würstchen. Im Vogtland und im Erzgebirge gibt es das sogenannte Neunerlei (auch Neunerlaa), ein Menü mit neun Gängen. Es umfasst unter anderem Bratwurst, Klöße, Sauerkraut, Gänse- oder Schweinebraten, Nüsse, Pilze. Es wird erwartet, dass jeder alles probiert.

Was gehört noch zum Weihnachtsfest, ist oft überliefertes Brauchtum? In den meisten Haushalten das Backen von Plätzchen, Zimtsternen und Lebkuchenhäusern und der Besuch eines Weihnachtsmarktes, den es in fast allen Städten gibt, mit dem Genuss von kräftigem Punsch, heißem Glühwein und gerösteten Mandeln.

Ebenso das Weihnachtslied. Nach wie vor die Nummer 1 ist »Stille Nacht, heilige Nacht« (1818), im bunten Reigen folgen »O Tannenbaum« (ca. 1824) oder »Kling Glöckchen, klingelingeling« (1872). Aber auch neuere Lieder wie »White Christmas« (1942, Bing Crosby) oder »Last Christmas« (1984, Wham!) erfreuen sich größter Beliebtheit. Zum festen Fernsehprogramm in dieser Zeit gehören Filme wie »Der kleine Lord«, »Die Feuerzangenbowle«, »Sissi« und nicht zu vergessen »Drei Haselnüsse für Aschenbrödel«.

Auch wenn heute viele Christen keine regelmäßigen Kirchgänger mehr sind: Die Teilnahme an der Christvesper oder der Christmette verleiht dem Fest erst den gebührenden besinnlichen und feierlichen Rahmen. Sie zählen zu den bestbesuchten liturgischen Feiern der großen Kirchen.

Der schönste Weihnachtsbrauch von allen aber ist gleichzeitig auch der älteste und immer noch lebendig: sich mit anderen von Herzen zu freuen, besinnliche Stunden zu genießen.

Die Heiligen Drei Könige

Das Fest der Heiligen Drei Könige (Epiphanie, Erscheinung des Herrn) oder der Weisen aus dem Morgenland feiert die West- wie die Ostkirche am 6. Januar. Es läutet in der West-Kirche das Ende der Weihnachtszeit ein, in vielen Ost-Kirchen eher deren Beginn, denn an diesem Tag wird dort der Heiligabend begangen. Nach dem Matthäus-Evangelium hat ein Stern, ein besonders leuchtender, Menschen zu Jesus geführt. Bei dem Evangelisten heißt es: »Als Jesus zur Zeit des Königs Herodes in Betlehem in Judäa geboren war, kamen Sterndeuter aus dem Osten nach Jerusalem und fragten: Wo ist der neugeborene König der Juden? Wir haben seinen Stern aufgehen sehen und sind gekommen, um ihm zu huldigen.«

Ursprünglich wird weder die Anzahl angegeben noch dass es sich um Könige handelte. Matthäus nennt sie »Sterndeuter«. Die geografische Erwähnung »aus dem Osten« hat sie zu den »Weisen aus dem Morgenland« werden lassen. Aus den Angaben Gold, Weihrauch und Myrrhe wurde im Volksglauben, dass es sich um drei Personen gehandelt haben muss. Vermutungen zufolge sollen die drei Männer die damals bekannten Kontinente Asien, Afrika und Europa symbolisieren.

Es war naheliegend, dass die Weisen den neugeborenen König zunächst im Palast des Herodes in Jerusalem suchten. Alle dort erschraken, nicht nur der König, auch die gesamte Aristokratie. Hier weist Matthäus schon zu Beginn seines Evangeliums auf die Ablehnung des Messias durch die Oberen hin. Die heuchlerische Bitte des Königs, zurückzukehren und ihm den genauen Aufenthalt des Kindes zu verraten, ist eine Vorbereitung der Erzählung vom Kindermord, den es wohl nie gegeben hat.

Kein anderer Geschichtsschreiber berichtet darüber. Hätte eine solch schreckliche Tat in Wirklichkeit stattgefunden, wäre sie mit Sicherheit in verschiedenen Aufzeichnungen erwähnt worden. Es ist anzunehmen, dass Matthäus sie darum in sein Evangelium aufgenommen hat, um Herodes als Gewaltmenschen zu charakterisieren, denn vor nichts empfindet man mehr Abscheu als vor dem meuchlerischen Mord an Neugeborenen.

Das Finden des Kindes durch die Sterndeuter gestaltet der Evangelist im Kontrast zur Begegnung mit der höfischen Gesellschaft in Jerusalem. Sie ist getragen von Ehrfurcht, Ehrerbietung, Empathie.

Ihre Namen Caspar, Melchior und Balthasar werden erstmals in Legenden des 6. Jahrhunderts erwähnt. Caspar, ein junger Mann, überreicht Myrrhe, eine Pflanze, aus der ein Salböl hergestellt wird. Die Gabe ist ein Lobpreis an den von Gott gesandten Arzt oder Heiler. Wichtiger noch in diesem Zusammenhang: Salböl brauchte man auch für Tote, und Propheten wurden gesalbt und salbten ihrerseits Könige. Melchior, mittleren Alters, bringt Gold mit, um Jesus besonders zu ehren. Es ist ein angemessenes Geschenk für einen König. Balthasar, dargestellt als ein Greis, überreicht Weihrauch, der eine Huldigung des zukünftigen Hohepriesters Israels bedeutet. Die Gaben, die den Sterndeutern zugeschrieben werden, weisen Jesus also als Priester, König und Propheten aus.

Heute ziehen Kinder am 6. Januar in »festlichen« Gewändern und mit einem Stern von Haus zu Haus und sammeln Geld für Gleichaltrige, die in Armut leben. Diesen Brauch gibt es schon seit dem Mittelalter. Es ging damals allerdings um das Erbitten von Gaben in der kalten Jahreszeit. Die »Heiligen Drei Könige« schreiben als Dank mit Kreide in der Regel die Buchstaben C, M und B und die Jahreszahl über den Haustürrahmen, die nicht, wie fälschlicherweise oft angenommen wird, für die Anfangsbuchstaben der Könige stehen. Sie bedeuten vielmehr »Christus Mansionem Benedicat«, zu Deutsch: »Christus segne (dieses) Haus«.

Rainald von Dassel, Erzbischof von Köln, brachte 1164 aus Mailand Gebeine mit, die der Überlieferung nach den Heiligen Drei Königen gehören sollen. Sie werden in einem wertvollen Schrein im Kölner Dom aufbewahrt.